モロケン心得帳

諸江賢二
Moroe Kenji

はじめに

今年5月、88歳の米寿を迎えることができた。生まれつき体が弱く病気がちだった幼年時代や、父親が59歳で他界したこともあり、まさかこの齢まで長生きするとは思いも寄らなかった。それ以上に近頃、日々こみ上げてくるのは、今こうしていられるのは私を支えてくれた皆さんのお陰という感謝の念である。

昭和36（1961）年10月、大和百貨店（現在、「片町きらら」が建つ場所に当時あった）真向かいの片町1丁目で、衣料品を格安で売る衣料スーパー「いとはん」を開店した。靴下製造から転身して始めた喫茶店経営に失敗し、起死回生というより背水の陣で挑んだ店だった。その頃は衣料スーパーという言葉もない時代で、新事業はすべて手探り状態、まさにゼロからの船出であった。

朝8時に開店し、閉店は夜11時。もちろん年中無休である。

仕入れのために、店を閉めてからライトバンを自分で運転し、大阪までの夜道を延々走った。高速道路などまだ通っていない。眠い目をこすりながら曲がりくねった山道を上り下りして車を走らせると、明け方5時頃に目的地に着く。そのまま車の中で仮眠し、問屋が開く9時少し前に起きて、金沢の店に電話を入れて昨日の売上を聞く。それは、まだ信用がなかったため、すべて現金で売買せねばならず、売上があった分しか仕入れができないからだ。そして、仕入れた品を車に積み込み、さっき来た道をまっしぐらに戻る。「いとはん」創業時はそんな生活の日々だった。

そうした現役時代を振り返ると、目に浮かんでくるのは、「いとはん」も、その後の「北陸ジャスコ」も本当によくやってくれた従業員たちの泣き笑いの顔、顔、顔…である。企業は人なり。心からそう思える私はつくづく幸せな経営者だったと感慨を深めている。

翻《ひるがえ》って、現在の世の中を見渡すと、悲しいかな、効率重視、目先の採算ばかり優先する企業が目立ち、経営者も従業員も汲々《きゅうきゅう》としているように見えてならない。派遣労働者の問題が象徴するように、多くの企業が利益確保のために人件費をいかに抑えるかに躍起になっているようだ。しかし、これは本末転倒だ。私が長年、経営の第一線に立ってやってきた中で確信を持っていえることは、従業員を大切にしない企業は絶対に伸びないということだ。

なぜなら、社長や幹部がいつもお客さまに接しているわけでない。毎日、お客さまと相対して販売しているのは従業員だ。従業員が笑顔ではつらつと誠実に一生懸命やって、その信頼感をもってまたお客さまがお店に来てくださるのだ。

このようなことを考えていたら、現役時代に得た経験則や教訓を活字にして残したらどうかと、ふと思いついた。初めはぼんやりとした思いだったが、次第に気持ちが変わってきた。というのも、私の原動力となった信念、信条は従業員やお客さまから教えてもらった汗の結晶であり、私一人のものでないという思いが芽生えてきたからである。このまま棺桶に入ってしまえば、思い出として消えてなくなってしまうだけだ。本にするなど本来、おこがましいことだが、これも大勢の方々に支えてもらった私がせめて社会にできる恩返しになるかもしれないと思うようになった。

商《あきな》いはただ儲けることにあらず。人間を磨き、高めることである。幸せを一人でも多くの人に広げ、それをもって自分の幸せとする。

どんなに技術革新が進み、時代が変わろうとも、私が仕事から学んだ人生哲学には不変の真理があるように思う。現役で頑張っている人へ、これから社会へ巣立つ人へ、さらには今後生まれてくる次代の人たちへ、仕事だけでなく家庭、子育て、人とのコミュニケーションを培う上で、この本に収めたひと言が何かしらお役に立てば本望である。

笑顔があふれる社会になることを願って。

モロケン心得帳

店、人づくりの手引き

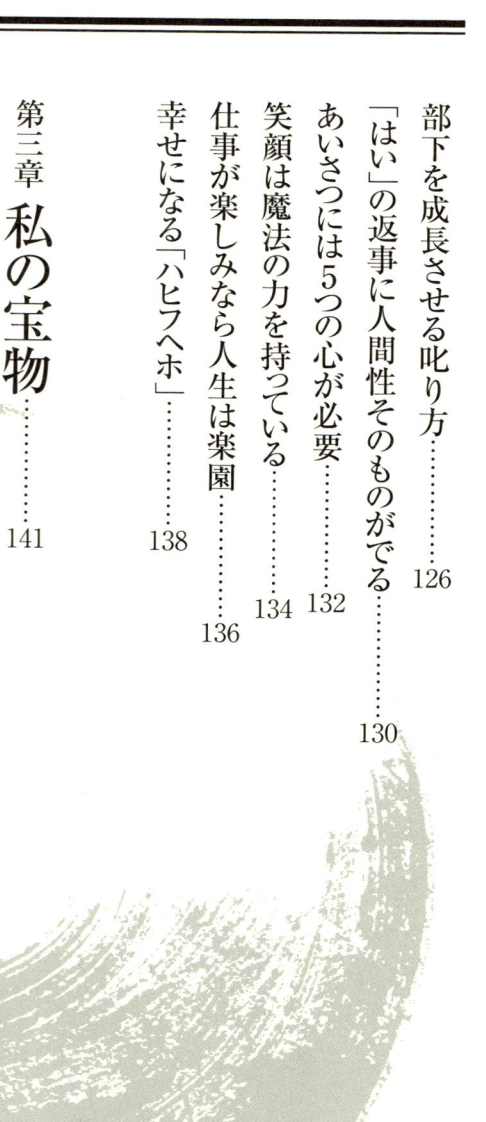

第一章

店づくりの心得

大黒柱に車をつけよ

お客さまが移動されれば、それに伴って店も移動しなければならない。40年以上も前、日本が車社会になることを見越しての指示だった。その指示を出されたのは、私にとって「運命の人」ともいえる、尊敬するイオングループの岡田卓也氏(現・名誉会長相談役)である。岡田氏はこう続けた。

「二車線では道路とは言わない。四車線以上ある道路を道路と言う。出店地は必ず四車線以上の道路に、二面以上に面した土地で、キツネやタヌキ、ムジナの出るような所で探すこと。出店する土地は全部、買収する必要はない。予定地の中に借地がどれほどあっても良いが、必ず必要な広さと形の良い土地を探すこと。そこに建てる建物は20年ほどでつぶし、借地にした土地は地主に返却する。お客さまの移動に伴って店もより大きくして移動することになるからだ」

岡田氏の実家、三重県四日市の呉服屋・岡田屋には「大黒柱に車をつけよ」という家訓があるという。世の中は日々刻々と変化している。その変化に応じて店側も機敏に対応しなければならない。そのために、いつでも動けるように大黒柱に車をつけておけという意味である。

土地にしがみついていては変化に対応できないということだろう。

「生き残るのは最も強い種や最も賢い種ではない。最も変化に強い種だ」とはダーウィンの至言だ。

商品はお客さまからの預かりもの

私が経営していた北陸ジャスコでは「商品に心を添えて」という合言葉があった。では、商品に心を添えるためには、どのようなことを具体的にすればよいか。

私は、それを分かりやすく説明するために、「商品は会社のものでなく、お客さまからの預かりもの」と考えるように指導した。その意識を持てば商品を丁寧に取り扱うようになる。汚れないように注意し、値札シールをつける時も見やすくし美しくつけるものだ。

仮に、糸のほつれた衣料や賞味期限の切れた食品などがあれば、それは「心を添える」以前に、絶対にあってはならないことだ。そのようなことがないか、各人が売り場をよく点検しなければならない。

次に、商品を単に売り場に置くのではなく、「買い物のお手伝い」となるようお客さまに役立つ陳列にしなければならない。衣料ならコーディネートを提案したり、スカーフやネクタイを流行、天気、話題性などを考えてアレンジしたり、食品なら「今、売れています」というPOPを付けたり、日々、工夫することが必要だ。

「心を添える」とは自分の思いを付け加えることではない。お客さまの立場に立って考え、行動することである。

愛情の深さが試される

「商品はお客さまからの預かりもの」と同じ意味のことを、あるレストランでは、こんなふうな言い方で教えていたと聞いたことがある。

テーブルに皿を置く時は「愛する人と別れるように」。

素敵な言い方だと思う。料理をお客さまに出す時にどんなにおいしい料理であっても、テーブルに、ドカッと粗雑に皿を置かれては気分が悪くなってしまう。そんなつもりはなかったとしても、店が忙しかった時はどうだろう。無意識に丁寧さに欠けてしまうかもしれない。

皿をテーブルに置く時、「愛する人と別れるように」の心があれば、できるだけ気を使って皿を置き、置いた後も心を残しながら注意深く手を離すだろう。立ち去る時もまだ心を引きずっているかもしれない。

最近、特に気になるのは銀行でも郵便局でも、お札の向きや表裏をそろえずバラバラなまま平気でお客さまに渡すことだ。お金は金融機関にとって商品のはずだ。小売業が店頭に商品を陳列する時、見た目に美しくそろえるのはイロハのイ。お客さまが手に取って見たあとも、きちんとそろえ直す。金融機関も昔はそうでなかったが、お金に対する姿勢がどんどん変わっていった表れであろう。どうか元のように戻ってほしい。

自分が扱う商品に愛情を注げない人は何をやっても大成しない。販売力は愛情の深さが問われるといってもよい。

心のないお店は長続きしない

「お客さまに遠いところから、わざわざ自分のお店まで買いに来ていただいては申し訳ない。逆に自分の方から品物を持ってお客さまの近くまで出向きますので、どうぞ買ってください」というのが出店の意味である。

チェーンストアが次々にお店を出店する根底には、この誠実な心がなくてはならない。店を増やせば儲かると、ただ算盤をはじいての出店であってはいけない。

儲けを優先した出店であっては、必ずお客さまは離れていく。だが、お客さまがこれを買ったら幸せになると確信を持てる商いであれば、必ず買っていただける。その結果、自分も儲けさせていただく、という順序にならなければならない。

突き詰めて表現すれば

「儲けてはならぬ、されど儲からなければならぬ」

というところだろう。

心のない店は決して長続きしない。お店はお客さまのためにあるということが商いの原点である。

素晴らしい出会いが待っている

私の大好きな、岡田徹さんの『店の表戸を開けよう』という詩を紹介したい。

朝だ。
店の表戸を開けよう。
今日また何十人、何百人のお客たちに

いい買い物をさせてあげようよ。
あなたが商人として、いのちをかけて
悔いない道がそこに、大きく開ける
あなたの今日の仕事は
たった一人でもよい
心の中で「ありがとう」と言って下さる
お客という名の友達をつくることだ。
あなたは生涯をかけたこの職業に
大きな誇りと権威を持とうよ
モット美しい
モット立派な

人生の生き方が
この仕事のうちにあることを知ろうよ

（『岡田徹詩集』商業界発行より）

岡田徹さんは、戦前から戦後にかけて活躍した商業経営指導家で、雑誌「商業界」の執筆者でもある。『岡田徹詩集』（倉本長治編）はロングセラーとなり、多くの経営者に読まれ続けた名著だ。

一人ひとりが、この詩にあるような気持ちを持って取り組んでいるのと、誇りや使命感など少しも感じず漫然と時間を費やしていたり、不満を抱えながら仕事をしているのとでは売り場の雰囲気はまるで違うだろう。何事もチャレンジし、常に改善、改良すべきことがないかを考え、行動していく習慣は企業の貴重な財産だ。その習慣を維持できるかは働く人たちの心がけ一つだ。

１日の始まりを迎えた朝、冒頭の詩のような気分で仕事のスタートを切りたいものだ。その習慣の継続こそ、自分を高め、仲間とのきずなを深め、職場を強くしていくことにつながる。

サービスとは「心」である

『岡田徹詩集』を編んだ倉本長治さんが紹介していた実話が今も心に残っている。次のような話だった。

ある化粧品店に良家のお嬢さんがたびたび最高級の化粧品を買いに来ていた。それが薬用クリームばかりだったことに、その店の女性経営者が気づいたのは、そのお嬢さんには、なるべく人に見られないようにしているアザが左頬にあることを知った時だった。アザは、お化粧してもなかなか隠せるものでなかったが、根気よく上質の化粧品をいろいろ試されているように見えた。ただ、気にされているアザについて触れることを差し控えていたので、話題にすることがないまま何年かが過ぎた。

ある日、化粧品メーカーの外交員が新製品のクリームの宣伝にやってきた。商品の特徴は顔のシミやアザを隠すのに効果があるという。試しに手の甲にインクを塗って、その化粧品を使ってみると、見事なほど隠れた。早速、女性経営者はその新製品を持って、お嬢さんの家を訪ねた。

しかし、いざ話を切り出そうとしたものの、お嬢さんのあどけない顔を見ると、どうしてもアザのことを言い出せない。そこで、「大変勝手ですが、あす朝8時頃、従業員が出勤していないうちにお店に来ていただけませんでしょうか。ぜひお頼みしたいことがあるのです」とお願いした。

「どんなことでしょう?・」と不思議そうに聞くお嬢さんに、「とても喜んでいただけることだと思います」とだけ言って帰った。

次の日の朝。店に来てくれたお嬢さんに、女性経営者はお礼を言って、自分の部屋の鏡の前に座ってもらった。

「うまくいくか分かりませんが、どうか、私がいいと言うまで目をつむっていて、開けないでください」とお願いし、お化粧に取りかかった。数分すると、お嬢さんのアザは見事に隠すことができた。

「さあ、お目を開けて下さい」

鏡の中の自分を見つめたお嬢さんは、ワァッと泣きだした。女性経営者はびっくりしたが、涙ながらにお嬢さんが「ありがとう」と言ってくれたので、一緒に泣いてしまったという話だ。

長い間、心を痛めていたお嬢さんが喜んでくれたことに胸を打たれるが、この女性経営者も人生最高の喜びを感じたのではないだろうか。これが本当のサービスというものだろう。人に幸福をもたらすよう最善を尽し、そのことが人に心から喜んでもらえ、自分の喜びにもなる。

ああ、われ商人によくぞ生まれけり。

そう思えるようなサービスができたら、商人としての生涯に悔いは残らない。

サービスは商人の使命である。そして、そのサービスとは、商人の心そのものなのだ。

当たり前のことを当たり前にする

お店には毎日、たくさんのお客さまがいらっしゃる。そのお客さま一人ひとり、目的や求めるものは違い、千差万別である。だから、それに伴う臨機応変の接客が求められる。

マニュアルはあっていい。しかし、それはあくまでも基本であって、絶対ではない。マニュアルにないけれど、○○してよいのだろうか、と迷うことがある。その時の判断は、それをお客さまが望み、喜ばれることかということとに尽きる。

お年を召した方や、妊婦さん、あるいは体の不自由な方がレジを済ませた後、買い物カゴを台まで運ぶのが大変そうに見えた。しかし、レジ担当はレジから離れてはいけないという原則があった。それでも、目の前のお客さまが困っていれば、次に待っているお客さまが不愉快にならないように、さっと買い物カゴを台まで運んでさし上げる。

こんなことはサービスというほどのことでなく、当たり前のことである。時と場合によってはエレベーターや駐車場のところまで持っていってさし上げてもよいのでないか。当たり前のことをごく自然にする。それを常にできるような人間集団を職場に築きたいものである。

数字を追うな

商品が今ひとつ売れない。客足がなぜか伸びない…と日々、頭を痛めている担当責任者や経営者も多いことだろう。責任ある立場に就く人ほど避けて通れない悩みともいえる。

「なぜ」を分析して、問題の原因を突き止めていくことは大事なことだが、そこに執着しすぎて、もっと大事なことを見失ってしまってもいけない。

随分前のことになるが、モス・フードサービスの渡辺和男社長のこんな思い出話が雑誌に紹介されていたのを覚えている。

渡辺社長がまだ店長の頃だ。どうしても売上が伸びず、不振にあえいでいた。商品には自信がある。しかしなぜか売れない。その理由が分からず、八方ふさがりの状態だった。

そんな時、ある人のお供をして行った料亭で、お酒が入ったせいもあってか、つい「この間の台風の日は3千円しか売上がなかった」とグチった。すると、その話を聞いていた料亭の女将さんからきつく叱られたそうだ。

「なぜ、そんな台風の日でも来てくれたお客さまに感謝できないのですか」

その言葉にハッとして目が醒めた。自分は売上を伸ばすことばかりにとらわれていた。どうしたらお客がたくさん来てくれるか、来てくれたお客にいかにたくさん買ってもらうか、という思考でものを考えていた。そのためにメニューを変えるなど、小手先のことしかやってこなかったと初めて気づいたのだ。

その女将さんからは、お客さまに対するお辞儀の仕方まで習い、お客さまの乗ったタクシーが見えなくなるまでお辞儀をするのが当たり前だということも教わったという。

それ以来、渡辺氏は売上の数字はひとまず横に置いて、お客さまとのコミュニケーションを深めることを第一義に考えて取り組んだ。雪の日に店の近くで、転んだ人が見えたら、店員みんなが飛び出して助けたこともあったという。

そんなお店は、店員はもちろん、お客さまにも笑顔が見られ、自然と明るく、あったかい雰囲気になる。やがて1年もたつと、固定客が増え、業績も見違えるほど好転したという。

数字は大事である。しかし、数字を追ってばかりいると、大事なことを見失いがちになる。なすべきことを真摯に、熱意をもってやり続ける。そうすれば、おのずと数字はついてくるものだ。

数字とにらめっこして、頭をかかえ、社員を叱咤ばかりしていても何も解決はしない。

昼休みに消灯する大会社

私が「いとはん」を経営していた昭和後期の話である。グループで十数社を持つ日本で屈指の小売大手の本社が東京にあり、上京した折に、その本社の前を通った。

ちょうど昼休みの時間だった。本社の大きなビルを見上げると、なんと、部屋という部屋のすべての電灯が消えているではないか。決して休業しているわけではない。

不思議に思い、しばらく見ていると、昼休みが終わって部屋に戻ってきた社員が、自分の机の上の天井から下がっている電灯のヒモを引いて、明かりをつけ始めた。全員がそろうと部屋は大変明るくなり、天井からぶら下がっている電灯のヒモがゆらゆら揺れているのが見えた。

思い切って、出入りしている社員に、なぜ昼休み時間に電灯をわざわざ消すのか、その理由を聞いてみた。

ビルは、ちゃんとスイッチひとつで部屋全体の電灯をつけたり、消したりできるようになっているとのこと。しかし、社員は朝、出社したら自分の机を照らす電灯だけをつけ、昼休みや外出時、もちろん帰宅する時に電灯を消すことにしているそうだ。このルールは本社だけでなく、全国各地のグループ会社も同じようにしているという。

しかし、業界トップレベルの大きな会社がここまでする必要があるのだろうか。あまりケチケチしすぎると、かえって世間体が悪くなり、マイナス効果なのではないだろうか。

率直に、そんな疑問を社員の方に投げかけてみた。すると、社員の方は次のように胸を張って答えた。

「電灯のヒモをひいて明かりをつけたり、消したりするのは創業以来続いている社風であり、わが社の基本理念の表現そのものなのです。商人はあくまで堅実かつ誠実でなければなりません。私たちが扱うお金は100円、200円の買い物をしてくださったお客さまからお預かりしたものなのです。ですから1円たりとも無駄にはできません」

創業者の精神が営々と守られていることを知って私は感動を覚えた。

ケチケチするのが目的ではない。創業者の精神を忘れないために、日々自己確認するために、電灯のヒモをひいているのだ。

電灯のヒモはその象徴であって、背景にあるのは商人としての心構えなのである。

最初の15秒が会社のイメージになる

「人を見た目で判断してはいけない」とは、子ども頃、親に教えられたことの一つだ。その人がどんな人なのかは外見では分からない、しっかり中身を見て判断しなさい、という意味である。

しかし、最近では「人は見た目が9割」という本が話題になるなど、外見がとても大切であることが指摘されている。サービス業にとって、見た目は消費者の好感度に影響するから、販売にも結び付く。

アメリカのある航空会社の調査では、航空券の販売係や室内乗務員ら最前線の従業員においては、最初の15秒の接客態度が、その航空会社全体のイメージになってしまうという結果がでたそうだ。その15秒間を「真実の瞬間」と呼んで、とても大事にした。

第一印象は人間関係に大きなウエートを占める。それは、お店にとっても同じこと。さらに言えば、お客さまにひと目惚れされるくらいの店の美しさ、雰囲気の良さがあってほしい。

そんなお店になるには、売り場の中だけで考えていても分からない。お客さまと同じ目線で、お店を外から眺めてみることだ。入ってみたいお店になっているか、外見をもっともっと気にして見てみよう。

回想記❶

仕返し合戦をストップ

昭和36（1961）年、衣料スーパー「いとはん」を開くために販売員を募集した。集まってきたのはそれまで喫茶店や工場などに勤めていた人、つまりスーパー販売のハの字も知らない未経験者の女性ばかりで、販売員教育も一から手掛けた。

店は朝8時に開店、夜11時閉店のため、従業員の勤務は朝8時から夕方5時までの早出8時間勤務と、夕方5時から夜11時までの遅出6時間勤務の2部制とした。

そして、従業員用として片町に近い里見町に民家1軒を借りて全寮制の住み込みにした。安い家賃で住居を提供できるし、仲間意識もはぐくめる。それより何より、大切な娘さんを働きに出させたご両親に安心してもらうためだった。

ところが、これがとんでもないトラブルを招くことになった。

みんな仲良く和気あいあいとなれば結

構なのだが、世の中そううまく事は運ばない。気の合う者同士で固まり、７人いれば４人と３人というふうに分かれ、グループ化して衝突し始めたのだ。寮でのいさかいは、そのまま店にも持ち込まれ、お客さまに気持ち良く買い物をしていただくのに程遠い雰囲気となった。

早出グループが寮に帰って食事などを済ませ、床に入って眠った頃、遅出グループが寮に帰ってきてバタバタとうるさく布団を敷く。ようやく眠った早出グループが目を覚まし、ケンカが始まった。翌日今度は、うるさくされた方がやり返し、またケンカ。仕返し合戦が続き、どうしようもない険悪な状況に陥った。

そこで、私は一計を案じた。

寮へ行き、その日、早出グループが夕方、寮に帰ってきた時に集まってもらい、「とにかく私のいうことを黙って実行して下さい」と前置きした上で、「今日は遅出の人たちの布団を敷いて置いてあげて下さい」と指示した。

しかし、目の前にいる早出グループは「この前、私たちはバタバタされて眠れなかったのに、どうして布団を敷いてあげなくちゃいけないの」と不満の嵐。それでも「とにかく私が言った通り、今日は黙って従って下さい」と説き伏せた。

回想記❶

さて、遅出グループが寮に帰ってきて、自分たちの布団が敷いてあるのを見てびっくり。ブツブツつぶやきながら布団に入って眠りについた。

翌朝、私は昨日の遅出グループに「どうだった」と聞くと、みんな声をそろえて「仕返しされると思っていたのに、布団が敷いてあって驚いた」との返答。そこで私は「じゃあ、今度はあなたたちが布団を敷いて置いてあげる番だ」と言って実行させた。

それをきっかけに険悪だった雰囲気が一変したのである。仕返し合戦の悪循環から脱し、同じ職場で働く者同士の連帯

昭和 36 年、金沢市片町 1 丁目に出店した「いとはん」第 1 号店

感がようやく生まれ始めた。

トラブルが起きたからといって、寮生活がいけなかったとは少しも思わなかった。必ず分かり合える。同じ職場で働く者同士が心を一つにできず、どうして繁盛する店をつくれるのか。その信念のもと、彼女たちを信頼して私の思いを真摯《しんし》に伝えた。

大切なのは、正しいことであれば必ず分かり合えるという信念だ。

そして、このことを契機に私はもう一つ、あるアイデアを思いついた。

回想記❷

評判になった善意銀行

従業員の寮で毎日ケンカをしていた2つのグループが互いに布団を敷いてあげることで仲直りできた経験から、私はもっとそれぞれが良い所を見つけて認め合い、褒《ほ》め合うことで、より雰囲気のよい職場をつくることができないものかと考えた。

そこで設けたのが「善意銀行」という表彰制度だ。

職場の誰でもいい、自分以外の人で、その日にした何か良い行いを見つけて、それを用紙（善意銀行用として特別に印刷したもの）に書いて投票箱に入れる。

例えば、

「○○係の○○さんが店内のゴミを拾ったのを見ました」

「○○課の○○さんは、お客さまが重くて困っていた荷物を持って差し上げました」

どんな小さなことでもいい。その日そ

の職場であった善意の行為を見つけて書く。そして、投票する自分の名前、善行をした人の名前を記入することも忘れてはならない。これを毎日続けた。

そうして1カ月間にわたって集計し、30票の満票になった人を、毎月初日の朝礼で表彰した。

表彰を受ける人には副賞として特注のコーヒーカップが贈られる。さらに1年間、満票を続けた人はお菓子皿付きの5客セットがもらえた（これは大変喜ばれた）。

実は、この表彰制度をもうける時、私はこんなことを考えていた。普通の表彰

昭和 40 年頃の本店での朝礼の様子。異業種からも大勢が見学に訪れていた

は特別な人を1人、あるいは2、3人とごく少ない人を対象にする。しかし、私の表彰はできるだけ多くの人をたたえようとした。過半数が表彰を受ければ、少数派はおのずと表彰されようとして頑張るはずだ。表彰されないほうを叱ったり、厳しくしたりしてもだめだ。自分から自発的に表彰されるようにもっていくにはこの方法が一番だと思った。

朝礼では、表彰される人の名前を呼び、列の右側に移動してもらうようにした。私の狙い通り、だんだんと、右側に移動する人が増えていき、ある月、表彰される人が職場の過半数を超えた。すると、それ以降、てき面に少数派が頑張るようになった。つまり、善行を競い合う、いや、当たり前にする職場ができたのだ。

この表彰が業界で全国的な話題になり、スーパーだけでなくいろんな業種の人たちが他県からも、わが社の月初めの朝礼を見学しに訪れた。

それがまた従業員のやる気や誇りをはぐくみ、ますます善行が広がるようになったのだ。

もう一つ、ぜひとも紹介したいエピソードがある。福井県武生市に店を出した時のことである。

仕事を終えて寮の近くの銭湯に行った

「いとはん」の従業員の1人が、たまたま洗い場で隣の人に「背中を流しましょう」と言って洗ってさし上げたら、その銭湯に一緒に行った同僚たちも同じようにそばの人の背中を流してさし上げた。

これがこの日だけのことで終わらず、それから「いとはん」の従業員がその銭湯に行くと、居合わせた人の背中を流してあげるのが習慣となり、その評判が武生中に広がったのだ。

おかげで「いとはん」の従業員は、それ以降、その銭湯では全員無料で入ることができた——というホントの話。

寮生活する従業員のきずなを強めるために結成した「いとはんバンド」。百万石まつりのパレードなどで大活躍した

画期的な1円サービス

サービス北陸ナンバーワン運動を展開し、アイデアを出しながら実践していた北陸ジャスコで、かつて「1円サービス」という取り組みを実施したことがある。

商品の清算をするレジのところに、1円玉を置いておき、お客さまに無料で利用していただくサービスだ。たとえば、5001円のお買い物をされたお客さまが、レジで小銭がなく1万円札のみを出された場合、レジに置いてある1円玉を使ってもらい、1万1円の支払いにして、5千円をお釣りとして渡すのである。

お客さまは1円おまけしてもらったことに喜ばれ、大いに利用された。お客さまだけでなく、レジの担当者の方も、1万円札ではたくさんの小銭を数えて渡さなくてはならないが、1万1円とすることで手間と時間が大いに省けた。レジ業務のスピードアップになり、順番をつくお客さまの待ち時間も短縮でき、大変好評だった。

最初はアメリカのスーパーマーケットで導入されたアイデアだが、日本で実践したのは北陸ジャスコが初めてだったと思う。

これがベストだとは言わない。大事なのは現状を当たり前とせず、次はこんな方法はどうだろう、こんなことはできないだろうか、というチャレンジ精神を持ち続けることだ。工夫は無限である。

10円玉2枚と新しい靴下

1円サービスの話をしたので、今度は別の会社の話だが、10円玉のユニークな取り組みを紹介しよう。

20数年前の平成初期の頃。ある運送会社では、引っ越しの仕事に出かける社員に必ず10円玉を2枚と新しい靴下を持つように指導していた。さて、それはどうしてか。

10円硬貨を持たせるのは、その頃はまだ携帯電話のなかった時代で、仕事中に電話をしなければならなくなった時、その家の電話を借りた場合に電話料金を支払うためだった。たとえ、短い電話でもただで借りないようにと教えられた。その家に電話がなかった場合は近くの公衆電話を利用しなければならず、これも10円玉が活躍するというわけだ。

新しい靴下は、引っ越し先に着いたら、それまで履いていた汚れた靴下と履き替えるためだ。古い家では荷物を運び出す時に靴下が汚れてしまうことが多い。

こうした気配りをしてくれる引っ越し屋さんなら、今度またお願いしたいと思うのではないだろうか。

お客さまの家を訪問して部屋に通されたら、ハンカチを敷いて、その上に持ち歩いているカバンを置くというセールスマンもいる。

サービスの競争相手はだれか

タクシー業界に革命を起こした京都のＭＫタクシー社長、青木定雄氏のことを紹介した本を読んだことがある。青木社長による運賃値下げから日本のタクシー業界の規制緩和が始まったとさえいわれている、業界の風雲児だ。

その本の中で、私が感心したのは、青木社長は競争相手をマイカーだと指摘していたことだ。つまり、同業者のタクシー会社をライバル視していなかったのだ。

青木社長の考えは、本来は自家用車よりタクシーのほうが便利だが、実際は料金が高い、かつサービスがよくないから、マイカー利用の人が多い。だから、料金を引き下げて、運転手のサービスを向上させれば、マイカーをやめてタクシーを利用する人は必ず増えるというものだ。

青木社長の主張の素晴らしい点は、タクシーが目指すサービスの原点は「お客さまにとって快適な移動空間を提供すること」だと断言していることだ。それを実現するための手段として、料金の引き下げや、運転手のマナーの向上を行っているわけである。

手段を目的とはき違えてしまうケースが多々ある。小売業もライバルは必ずしも同業他社というわけではない。

苦情の処理を直接の担当にさせない

接客をしていると、うれしいことばかりではない。不満や文句をぶつけられることもあるだろう。それは誰が聞いても当然というものから、そんなささいなことでと思うことなど、いろんなケースがある。いずれにしても原則、すぐに対応することが肝要だ。苦情処理にはコツがある。

一、苦情が寄せられた現場の担当者に対応をさせない。必ずその担当課の上司なり、責任者が最初から処理にあたること。

これは、担当者に直接、処理にあたらせると、担当者が自分の言い分を主張して（それが正しいのか間違っているのかは関係なく）事態がますます悪くなるからだ。

二、まずお客さまに謝罪すること
三、お客さまの苦情の内容を十分に聞くこと
四、その上でお客さまがどうしてほしいかを聞くこと
五、お客さまの要求にできるだけ沿い、満足させること

もちろん、無茶な強要や脅しまで受け入れろと言っているわけではない。気を付けなければいけないのは、例えお客さまの勘違いで店側が正しかったとしても、そのお客さまがまた買い物に来たくなるような対応をすることだ。ただ正論を主張すればいいというものでない。

苦情は「神の声」と思え

１人の苦情は10人のお客さまに広がるという言葉がある。苦情をほったらかしにしたり、処理を後回しにしておくと、思いもかけない深刻な事態を招く時があるから速やかに対応しなければならない。

強い職場や強い企業は、苦情を言うお客さまを固定客にする力をもっている。的確な苦情処理は、お店のファンをつくることになるからだ。

「買った商品が不良品で、店に電話したら、その対応が丁寧で、これからもその店で買おうと思った」

「売り場の床が汚れていたのを店員に教えてあげたら、対応がとても素早く、さわやかな気持ちになった」

これは私が実際に北陸ジャスコを営んでいたころのお客さまからのアンケートはがきに寄せられた声だ。

つい後回しにしたくなる苦情に、誠心誠意の対応をするにはどのような心がけが大事か。それは「苦情は神の声だ。なぜなら苦情の中には宝が隠れているから」と思うことだ。

苦情にどう対応するかは、その企業の将来を左右するといっても過言ではない。

アメリカのサービス・マネージメントのテキストブックに必ずといって良いほど登場する有名な調査結果がある。

① 不満な消費者の96％は、その苦情を言わない。つまり、苦情を言う人はわずか４％である。

② 受けたサービスに不満を持った消費者の90％強はその店に2度と戻ってこない。

③ 不満な消費者の１人は少なくとも９人の他人にそのことを話す。

④ 不満を持つ、かつての消費者の13％はその不満を20人以上の人たちに話す。

⑤ 苦情が速やかに解決された消費者の90％強は再び戻ってくる。

これはワシントンにあるコンサルタント会社が昭和56（１９８１）年に行った消費者調査である。ずいぶん前の調査だが、基本的に今も変わっていないと思う。

サービスは、それを受ける人の状況や期待感によって満足度が異なる。こちらが同じようにやっているからといって、どのお客さまも同じように受け止めてくれるとは限らない。日々観察し、努力が必要なのだ。

声なき声に いかに気づくか

前述したアメリカのサービス・マネージメントのテキストブックにあるように「不満な消費者の96%は、その苦情を言わない」ならば、苦情を言わない消費者の声を拾うようにしなければ、よりよい店はつくれない。

そこで、声なき苦情に耳を傾けた素晴らしい経営者の話を紹介しよう。その人は外食業を営む社長で、その会社の経営コンサルタントとこんな会話を交わした。

「実は、私は社長になるまで、そして社長になった今も店に行くとすぐに皿洗いをすることをずっと続けているのです」

「どうしてそんなことをされているのですか。そんな仕事はアルバイトの人がやってくれるじゃないですか。そんなことより、社長としての仕事があるでしょう」

「もちろん皿を洗うのが社長の仕事だとは思っていません。しかし、皿を洗わないと分からないことがあるのです。分らないと経営のかじ取りができません」

「その分からないこととは何ですか？」

「皿を1枚1枚洗っていると、お客さまの食べ残しが見えてきます。この食べ残しこそ、お客さまの苦情なのです」

レストランでの食べ残しは、まさに声なき声だろう。これをアルバイトにまかせておいたら、毎日、水とともに流れさってしまうと、この社長は考えたのだ。

だから、社長はみんな皿洗いをすべきだ、と言っているわけではない。皿洗いをしなくとも、お客さまの声や、アルバイトの声が埋もれずに上に届く環境をつくることだ。肝心なのは、お客さまがどんな苦情を持っているのか、どこに苦情のタネがあるのか、幹部やトップがちゃんと分かって、対応を考えることができるかということである。

戦国武将の黒田長政は「腹立てずの異見会」という会合を月に2、3回開いていたという。黒田長政は、豊臣秀吉の軍師を務めた黒田官兵衛の息子で、関ヶ原では東軍につき、52万石を受けた福岡藩初代藩主だ。

その「腹立てずの異見会」は、家老をはじめ忠義の幹部6、7人が集まり、「何事を言われても恨んだり、他の人にしゃべったりしてならない。もちろん、腹を立ててもならない。思っていることを何でも言うように」と日頃、口にしにくい、不満や失政などを言い合ったという。

黒田長政に器の大きさを見る思いがする。苦情が改善、改良のヒントをもたらし、現場や人材をレベルアップさせ、組織を強くするのは時代が戦国であろうと、現代であろうと変わらない。

いかに本音を聞き出すか

こちらがどんなに相手の立場にたって考えても、考えたことが本当に相手の思っている通りなのかは分からない。良かれと思ってやったことが見当違いだったというケースもあるだろうし、「ありがとう」とお礼を言われても、実はそれは単なる儀礼であったかもしれない。

いかに相手の本音を聞き出すか。そして、本音を知るにはどうしたらよいか、知恵の絞りどころだ。

ある会社の社員食堂の話だ。その食堂では、社員の利用が少ないため、なんとか利用者を増やそうとあの手この手の対策を講じた。

冷めたおかずを温めて出し直したり、メニューを増やしたり、注文から出来上がるまでの時間を速めたり。

すると、少しは利用者が増えたが、まだまだ満足できるものではない。

そこで、毎日、利用者にその日の献立に対する意見を書いてもらい、できるだけ希望にそうように取り組んでいこうということになり、たくさんの質問項目を設けたアンケート用紙を各テーブルに置いて回答の協力をお願いした。

しかし、面倒なのか、アンケートを書く時間がもったいないのか、あるいは遠慮してなのか、用紙を箱に入れてくれる人はごく少数で、参考にならない。

どうしたら率直な意見を聞くことができるか。考えた末に、アンケート用紙に意見を書き込む手法をやめて、食べ終わった後、使い終わった割り箸を「うまい」「まあまあ」「まずい」の3種類のごみ箱うちのどれかに入れてもらうことにした。

この単純さが利用者に受けて、大変成果が上がった。

これによって人気があるメニューも分かり、この箸入れアンケートは評判を呼んで、利用率が格段にアップした。

相手の立場になって考えようと力みすぎて、そのために細かく意見を聞こうとして、書いてもらうアンケートにたくさんの質問項目を設けたのがいけなかったのだろう。ひと目見ただけで面倒くさいと思わせてしまったのかもしれない。

相手のためと言いながら、相手のためになっていないことがある。わずらわしくないか、タイミングはどうか、そういう表現でいいのか、場所は悪くないか等々、いろいろ推し量ってみなければならない。

本音を聞き出すことはなかなか容易ではない。

情報をもつ販売員は好かれる

評判の寿司屋に行ってみて、気づいたことがある。そこのご主人は、たとえば、お客さまがイカを注文すると「きょうのイカは○○沖で捕れた最高のイカですよ」と言って、種類や性質、産地の違いなどいろいろと話してくれた。そんなふうにネタの一つひとつ、話題を加えて寿司を出してくれるので、当然、会話が弾み、お客さまは食べながらとても豊かな気持ちになる。

話をするほうは、違うお客さまがイカを注文したとしても、さっきの話を繰り返し、同じ話ばかりしているわけにはいかない。それこそ話のネタを数多く持っていなくてはいけないし、常に新鮮な話を仕入れておくことも必要だ。

北陸ジャスコの売り場から報告された「お客さまに喜ばれた事例」にこんなのがあったのを覚えている。

評判の油揚げが2枚で150円の特売の日に、1枚だけカゴに入れていたお客さまに「この商品は1枚だと80円ですが、よろしいでしょうか」と申し上げたところ、「いろんな店に買い物に行くけど、そんなふうに言われたのは初めて。もう1枚買うわ」と喜んでもらえました。

「旅行に行くので服を見てほしい」というお客さまにニットのシャツを

お薦めしました。お話をうかがっていると、旅行先が東南アジア方面でしたので、「Tシャツを多めに持っていかれると、ホテルで休んだりするときに重宝しますよ」と申し上げると、「ありがとう。海外が初めてなので気が付かなかった」と言っていただきました。

こんなふうにお客さまが喜ばれることを話の中に織り込んで接客することが求められる。プラスアルファのひと言を添えられるかが目配り、気配りをできる人かそうでない人かの分かれ目となる。

あるスーパーマーケットでは、販売員の担当領域をなくしたそうだ。したがって、販売員は店内のどこででもお客さまに声をかけ、あるいはかけられても大丈夫なようにしておかなければならない。食品だろうが、衣料であろうが、雑貨であろうが、どんな売り場にもお客さまを案内できるようにしたという。

「私はその担当ではありませんので分かりません」と言われたお客さまはどう思うだろう。すべての商品について精通しろとは言わないが、自分で答えられない時は、分かる人に確認したり、取り次いでさし上げなければならない。

情報はできるだけたくさん持つことだ。それには日々、コツコツと収集し、蓄積していくしかない。

名前で呼ばれて一人前

「ちょっと、あんた」「あのー、店員さん」「もし、すみませんが」……お客さまが店員を呼ぶ時の言葉はいろいろある。

そんな中で、「山本さん」と店員の名前を、それも「さん」付けで呼ばれるとしたら、これはお客さまがその人をプロの販売員として認めたということになる。

お客さまが気持ちのよい接客を受けて感動して、販売員の名前を覚えたとしたら、販売員として一人前であると同時に、そのことを誇りにしていい。

1人でも多く、名前で呼んでもらえるお客さまを増やす努力をすることだ。

販売員が胸につけているネームは、従業員なのかお客なのかを区別するためだけのものではない。「ちょっとうれしい時」「いやな思いをした時」いずれも接客した担当者の名前をネームで見て覚えるものだ。その責任と自覚を高めるためという大切な目的がある。

たくさんのお店がある中で、このお店を選んで来て下さった。たくさんの販売員がいる中で、自分の名前を覚えて下さった。お客さまに満足と感動を与えることのできる販売員はおのずとファンになってくれるお客さまがつくものだ。

お客さまの名前を覚える

お客さまが店員の名前を覚えるのとは逆に、店員もできるだけお客さまの名前を覚えるように心がけるべきだ。そうは言っても、毎日、たくさんのお客さまが来店していて、名前をうかがう機会も限られているから、なかなか難しい一面もあるだろう。

しかし一度、来店した際に知りえたお客さまの名前を、再び来られた時に覚えていて応対すると、お客さまはうれしいものだ。

私がある航空機のビジネスクラスの席についた時のことだ。渡航中、客室乗務員が微笑を浮かべ、「いらっしゃいませ、どなたさまですか」と丁寧な言葉遣いでごく自然に尋ねてきたので「諸江です」と答えた。「諸江様ですね。どうぞ、おくつろぎいただき、素敵なご旅行を楽しんで下さい」と立ち去った。

しばらくして機内サービスが始まり、先ほどの客室乗務員が笑顔で近寄ってきて、「諸江さま、御飲物は何がよろしいですか」と声をかけてくれた。さらりと名前をそえて話してくれて、とてもいい気分になり、その旅行になにか素敵な出会いが待っているようにさえ思えて心が弾んだ。実際、その時の旅行はいい思い出として心に深く残っている。

たった一言、名前を呼んでもらっただけなのに。

回想記❸

小売業を始めたワケ

「いとはん」を始める前の20代は、メリヤス製作所を設立して、靴下を製造していた。その製品はすべて大阪にある国内屈指の企業に納めていたが、ある時、大和百貨店の店頭で、私の工場で作った靴下が、納めた金額の2倍の値札が付いていることを知ってがく然とした。

私の製品に、有名企業のマークをつけただけで、値段が2倍にはねあがっているのだ。お客さまはブランド品だから安心と信頼を寄せて買うのだろうが、それにしても製品そのものはマークがついた以外、何も違わない。こんなバカな話があるか。それなら私が直接売ろう。それによって、もっと安い値段で提供できれば、お客さまのためになる。そう思ったのが小売業へ転身したきっかけだった。

少しでも安く提供するために、いろんな努力をした。

「いとはん」を始めた初期のことだ。

織維のまちで有名な新潟県五泉市へ仕入れに行った。まだ駆け出しだから、ツテもなく、１軒１軒を飛び込みで訪ね、じかに交渉する。そうやって、少しずつ仕入れ先を開拓していった。

数えきれないほどの門前払いに遭いながら、地べたを這うように回っている中で、ようやく糸口をつかんだ。実は、衣服のメーカーは半年先の製品を作っている。つまり、今が春なら秋物を、夏には冬物を作っている。

だから、私が訪問した時、その

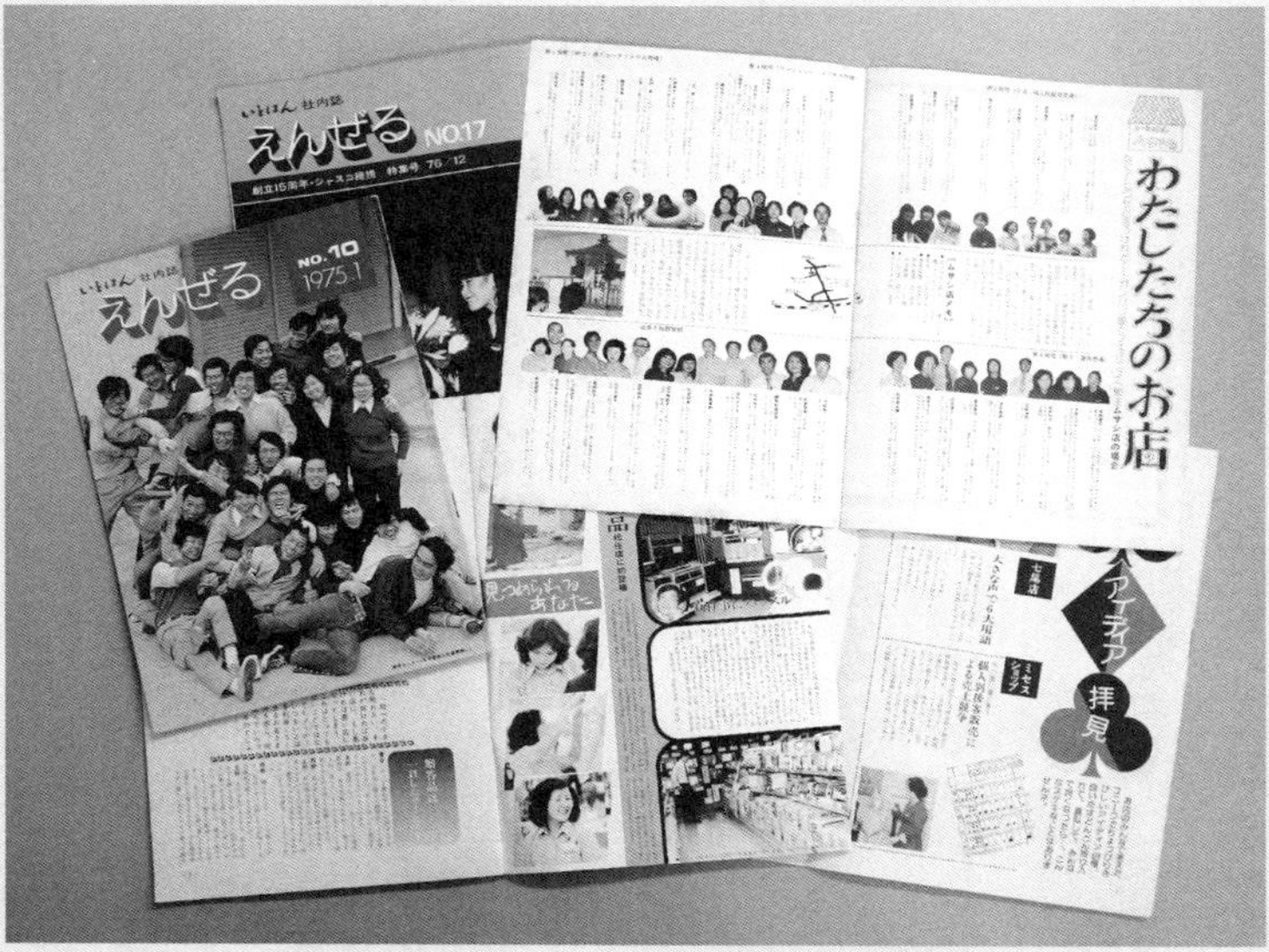

いとはん時代に発行し続けた社内誌「えんぜる」。特集や座談会などで経営方針や従業員、各店舗の現状が紹介されている

回想記❸

工場にある在庫は売れ残った製品なのだ。これをベロ(全部)買いする。1点1点買い付けるより、まとめ買いしたほうが格段に安いし、メーカー側も本音は、在庫が現金になったほうがうれしいわけだ。

こうして格安で仕入れ、同じ製品ならほかのどこの店よりも安く売って、「いとはん」は大いに繁盛するようになった。

こんなこともあった。「いとはん」がある片町大通りの近くの竪町に「東京ストアー」があり、そこは食品のほかに衣料品も取り扱っていたのだ。

同じような製品なら安さで負けるわけにはいかない。そこで、従業員が交代しながら1日3回、東京ストアーの商品の値段を見に行って、「○○が1000円で売っていました」「50円値引きしていました」などの連絡を受けると、「よし、こっちはそれより安く売ろう」と応戦。すると、今度はあちらも値段を下げる……とった値引き競争を繰り広げた。

そのバトルはかなり長く続いたが、とうとうあちらは衣料品の取り扱いをやめ、食品一本の店になった。

こちらは衣料品のみの商売だったから、衣料品で勝負するしかなかったわけだが、結果的にうちは衣料品、あちらは食品というふうにスーパーの棲み分けができ、お互いに繁盛したように思う。「いとはん」を始める前、同じ場所で手掛けた喫茶店はどんなに頑張っても売上1600万円しかあげられず廃業にいたったが、「いとはん」は同じ面積（60坪）で開店1年目にして1億6000万円の売上をあげた。

喫茶店の粗利は6割だったが、「いとはん」の粗利は2割。粗利の率が高いより、率は低くても額を大きくして稼ぐのが商売だということをここで学んだ。

それから、しばらく快進撃を続けたが、変化と競争の激しい業界にあって、いつまでも順風満帆とはいかなかった。

昭和 41 年、金沢市片町 1 丁目に新しい本店（右手前）を開店し、創業した当時の旧本店はベビーショップ（左奥）をオープンさせた。この写真は昭和 40 年代後半の頃

回想記④

アメリカ視察の衝撃

片町1丁目に開いた衣料スーパー「いとはん」は成功を収め、その後、着実に店舗数を増やしていったが、次第にどうも先行きが見えなくなり、手詰まり感に悶々《もんもん》と悩むようになってきた。昭和40(1965)年過ぎの頃である。

なんとか活路を開こうと、あれこれ試みた一つが、アメリカ視察だった。およそ1カ月間にわたってアメリカの主要都市を訪ね、最先端の流通業界の現状を見て回った。

当時、まだ1ドル=360円の時代で、所持金は10万円に制限されていたので、安いモーテルに宿泊し、食事はハンバーガー程度で済ませる学生時代に戻ったような貧相な生活の毎日だったが、思い切って渡米して得た収穫は大きいものがあった。

世界経済の中心地であるニューヨークでさえ、もうその頃既にデパートの2階から上の階になると、お客さまがほとんどおらずガラガラの状態。一方、郊外の大型ショッピングセンターは家族連れが車で次々と訪れていて、活況を呈していた。

当時、日本で小売業は平面でも100坪程度の広さが大半だったと思う。大きなデパートでもせいぜい200坪だ。そしてデパートは高層ビルのため、1階にはそれを支える太い柱が何本も立っていて店内の視界をさえぎっている。

しかし、アメリカの郊外にあって、はやっている大型ショッピングセンターは平屋建てで、日本のデパートの数倍もの広さがあり、店内は視界をさえぎる柱がほとんどなく、ずっと遠く向こうまで見渡せた。商品の豊富な品ぞろえがひと目で分かり、買い物の楽しさを実感できた。

これこそ、これからのスーパーのスタイルだ。必ず日本も近い将来、同じような店がはやるようになると確信した。

日本に戻った私は、アメリカ視察での衝撃と興奮を抱え、いち早く時代の変化を読んだ店づくりに取り組まなければならないという思いが膨らみ始めた。その頃、北陸3県に21店舗を擁し、年商90億円を上げていたが、現状に決して甘んじてはいなかった。

第二章
人づくりの心得

信用を築く一歩は「約束を必ず守る」

まだ、私がお金も信用もまったく無かった時代、最も気を付けて続けていたことがある。それは「約束を必ず守ること」だ。

約束したことはどんなことであっても命がけで守る。できない約束は初めから「できません」とはっきり断る。

約束には時間も入る。先方へお伺いする時間を決めたら、絶対遅れないようにした。思わぬ事態に見舞われ、やむを得ず遅れそうになった時は、早めに電話を入れて「申し訳ございません。○分ほど遅れます」と連絡をした。

お金の貸し借りも約束事に入る。昔はよく、タバコを買うのに持ち合せがなく、チョイ借りをする人がいた。私もたびたび同僚から頼まれ、100円玉を渡したものだが、これが再三続いた。

すると、いつの間にか、その同僚は「あの男は借りたタバコ代を返さない」と仲間内でささやかれ、そういうレッテルを張られてしまった。自業自得といえば、それまでだが、信用という大切なものを失った代償は大きい。借りたほうは軽い気持ちでも、貸したほうは忘れない。人間はそういうものだ。

あいつは信用できる。そう人から思われると、いつかチャンスが巡ってくる。成功する人は必ず見えないところで確かな信用を築いている。そして逆もまた真なりだ。仕事が回ってこない人は何かが欠けているのだろう。

気配りができる人とは

日本中の企業が不況で苦しんでいる時に、順調に売上を伸ばしていたあるメーカーの秘密の一端を聞いたことがある。

そのメーカーは東京にあり、毎年、全国各地のお得意先の方を会社に迎えて新製品を紹介する機会をもうけていた。

何度か、その接待を受けていた大阪の会社の幹部が今回、招待を受けた時にふと気づいた。送られてきた大阪―東京間の新幹線の切符が、行きの上りは左側の窓側の席、帰りの下りは右側の窓側の席で、いつも同じなのである。

そこで、招待を受けて訪問した際、毎回、切符の手配をしてくれているメーカーの担当社員に理由を聞いてみると、こんな答えが返ってきた。

「当社と御社の往復に乗っていただく新幹線で、日本一美しい富士山をたっぷりと御覧になっていただけるようにその場所を選んでいます」

切符1枚の手配であっても心がこもっている。こうした気配りのできる社員のいる会社が作る製品は言わずもがなだろう。相手の心をとらえる接客や接待、サービスができることが、ニーズをきめ細かく汲み取り、顧客に満足してもらう行き届いた製品をつくることにつながっていく。

この会社が不況に強いのもうなずけるだろう。

人は考えた通りの人間になる

心に響く話を聞いたり、実際に体験したりした時に、自分もそうありたいと強く思う素直な人は成長していく。反対に、自分にはとても無理だとか、それはたまたま成功しただけなどと否定的にとらえる人は自分を変えていくことができず、成長も見込めない。

私が経営してきた北陸ジャスコには、次のような誓いの言葉があった。

もし　あなたが負けると考えるなら、あなたは負ける。

もし　あなたがもうダメだと考えるなら、あなたはダメになる。

もし　あなたが勝ちたいと思う心の片隅でムリだと考えるなら、あなたは絶対に勝てない。

もし　あなたが失敗すると考えるなら、あなたは失敗する。

世の中を見てみると、最後まで成功を願い続けた人だけが成功しているではないか。

すべては人の心が決めるものだ。

もし　あなたが勝てると考えるなら、あなたは勝つ。向上したい自信を持ちたいともしあなたがそう願うなら、あなたはその通りの人になる。

強い人が勝つとは限らない。すばしこい人が勝つとも限らない。

私はできる。そう考えている人が結局は勝つのだ。

ここで言う「勝つ」というのは、勝負ごとに勝つというものでなく、

人は考えた通りの人間になる

自分を高められる、幸せになるという意味にとってもらえればいい。

何事かを成すには強い意志が不可欠だ。強い意志なくして夢の実現はありえない。なぜなら、目標が高ければ高いほど、それ達成するには難しい壁を乗り越えなければならないからだ。しかも壁は一つや二つでない。何度、失敗してもあきらめず、失敗をバネにして前へ進もうという意志がなくてはならない。

できる　できる　必ずできる
できないと思えば　できない
できると信じ　達成するまで続けよう
できる　できる　必ずできる

私の現役時代、机の後ろに、この言葉を書いた額を掲げ、毎日、心で唱えて仕事を始めたものだった。皆さんも唱えてみてほしい。できるようになる秘訣は、達成するまでやり貫くことである。

「みんながしている」からやるのか

何の雑誌だったか忘れてしまったが、読んで、なるほどと胸に刻んだ外国のジョークがある。映画にもなった豪華客船タイタニック号の悲劇を話題にしたものだ。

タイタニック号は乗客の数が多すぎて、救命用ボートの数が圧倒的に足りなかった。ボートにはまず女性と子どもが乗りこみ、大半の男性は極寒の海へ飛び込まざるをえなかった。死にたくないのは誰もみな同じ。それをどう説得するかというジョークだ。

相手がアメリカ人だったら、こう言うそうだ。

「あなたはヒーローになれます」

そうすると、「そうだ、俺はヒーローだ」と言ってアメリカ人は海に飛び込む。

相手がイギリス人に対してはこう言う。

「あなたはジェントルマンですね」

そうすれば、イギリス人はうなずいて黙って飛び込む。そして、ドイツ人ならこんな言い方をする。

「これがルールです」

そう言われたドイツ人はルールにしたがって飛び込む。さて、相手が日本人の時は、なんと言って説得するか。

それは、こう言えば、間違いなく飛び込むそうだ。

「みなさん、そうしていらっしゃいますから…」

日本人は横並びの意識がとても強い。良いことをみんながやって、

「みんながしている」からやるのか

どんどん広がっていくのは結構なことだが、横並び意識の弊害も多々ある。

自ら率先して行動を起こすことがない。たまに突出して何かをすると、出る杭《くい》は打たれ、そこらじゅうから批判を浴びる。そのため、人とはできるだけ違うことをしないようにする。そして、「ほかの人がしていないから」と言い訳したり、「みんながしているなら仕方ないしやろうか」と周りに合わせる…等々の行為は、誰しも思い当たる節があるのではないか。

こういう意識は、売上が伸びない原因を、世の中が不景気だからとか、商品に魅力がないからだとか、会社の幹部が悪いとか、あれこれ言って、自分を顧みないことにつながる。

人がどうあれ、自分はどう思い、どう行動するかが問われる時代に、いつまでも「みんながやっているから」ではいけない。

原因を突き止め知恵を出す

こんなイソップ童話をご存知だろうか。

干し草を積んだ荷馬車が、ぬかるみで動かなくなった。馬主は馬にムチを精いっぱい打ち続け、荷馬車を押したが、車輪はピクリとも動かない。

「ああ、神様、どうかこのぬかるみから荷馬車を出して下さい」

〈まず、自分で努力しなさい〉

「神様、できることはすべてやりました。もう力はありません」

〈力でなく、知恵を出すのだ。荷馬車がなぜ動かないのかその理由を考えなさい〉

神様は馬主に原因を見つけ、一つずつ取り除いていくように言った。

馬主は、ぬかるみにはまっている車輪をよく観察した。

まず車輪にまとわりついている干し草を取り払い、車輪の心棒までべっとりついている泥を取りのぞいた。次に、道の小石を叩きつぶし、わだちの窪みに敷き詰めた。最後に、馬にムチを入れ、荷馬車を力いっぱい引き上げると、見事に荷馬車はぬかるみから脱出できた。

問題に直面したら慌てず、原因を丁寧に突き止めることだ。原因が分かったら、対応を考えて取り組む。それには知恵が必要だ。自分に知恵のないものは、知恵のある人に聞くことも大事だろう。トラブルは決してマイナスではない。トラブルの対応の仕方で、経験の積み重ねが財産になっていく。

先義後利を常とせよ

知恵を出すとは具体的にどのようなことか、とっておきの事例がある。経営の神様として知られる松下幸之助氏の数多あるエピソードのうち、私が好んでたびたび話題にした一つだ。昭和45(1970)年に行われた大阪万博。パビリオンの松下館の前には入場を待つ長蛇の列ができていた。

その列の中に松下幸之助の姿を見つけた担当者がびっくりして、「会長、こんなところに並んでいただかなくても、すぐにお通し致します」と言うと、会長は「かまへん、私は並びたいんや」と返答し、そのまま並び続けた。

2時間ほどたってようやく入館した松下氏は責任者を呼び、「日陰がほとんどない。あれでは並んでいる人が日射病になってしまうかもしれん」と言い、紙の帽子を作って配るように指示した。

すぐその通りに対応すると、日傘の代わりになるとして、その紙の帽子が大変重宝し、みんなが欲しがった。その帽子には松下館のマークが入っていたため、松下館に行けばその帽子がもらえると分かって、ますます松下館の入場者数が増えたうえに、入館者はその後も帽子をかぶって場内を歩き回ったので、大変な宣伝になったという有名な話だ。

さすが経営の神様。その先義後利の精神を見習い、常に意識して日々の仕事に臨みたいものだ。

相手のニーズをどうやってとらえるか

相手の立場にたって考えることが大切だと言われても、相手が何を求めているのか、どんな気持ちなのかが分からないという人も多いだろう。

だが、ちょっとした会話を通して、相手のニーズにピンとくる人と、何もこない鈍感な人がいる。ピンとくる人は何が違うのだろうか。

人気のあるラーメン店での話。

来店した女性客が注文する時、「すみません、チャーシューを抜きでお願いします」と言ったところ、その店の主人は「ハイ、分かりました。じゃあ、替わりにモヤシを多めに入れておきますか」と即座に応じた。

こんなやりとりができる店は繁盛する。店主は、その女性客になぜチャーシューを抜くのかその理由を聞いていない。ダイエットのためか、それとも好き嫌いのためか、あるいは宗教上の理由か。答えが何かは分からないが、店主は何らかの理由があることを察して、店自慢のチャーシューを食べてもらえないのは残念だけれど、替わりに何か喜んでもらえることはないか、野菜のモヤシなら大丈夫なのではないか、それをサービスしますよと瞬時のうちに考えて、相手に「モヤシを多めに入れておきますか」と聞いてみたわけだ。

モヤシがそんなに好きでなくても、そんなふうに言われて悪い気はしない。

ひと言でピンとくる。できる商売人は感度がいい。

「知りません」「これだけです」は禁句

自分はピンとくる人間か、そうでない人間か、自覚があるだろうか。

こんな事例を挙げてみよう。

勤め先から旦那さんが夜、家に帰ってくるなり、「ナイター中継やっている？」と聞いた。

「野球なんて私、興味ないから知らないわ」

あるいは、

「自分で新聞のテレビ欄を見てよ」

と怒って返答する奥さんであっては家庭円満とはいかない。旦那さんが帰宅するなり、「ナイター中継をやっている？」と聞いたのは、テレビで今現在、放送しているかどうかという事実だけを尋ねているわけではない。ナイターをやっているなら、きょうはすぐに見たいなあ、という願望が言葉の奥にある。ピンときて、ここをくみ取れるかどうかなのだ。

だから、賢い奥さんなら、旦那さんのそんな問いに対しては、テレビで野球中継をやっているかどうかを知らなくても、「テレビをつけてみますね、今日はお風呂を後にして、すぐにご飯にしましょう」と返答するだろう。

逆の場合もまったく同じである。奥さんのひと言や仕草に、旦那さんはピンときて、その言葉の奥に何があるのか、すぐキャッチできるだろうか。

そんな反応のできる人は日常、お店でお客さまとのやりとりの中で敏感に対応ができる。

「知りません」「これだけです」は禁句

例えば、そろそろ閉店という夜遅くにお客さんが来て、「このお店は何時までやっているのですか」と尋ねたとする。

「夜の10時までです。あと10分ほどで閉店になります」と返答していては鈍感な店員だ。お客さまは閉店時間だけを聞いているのではない。その言葉の奥には、こんな夜遅い時間に来てしまったが、○○を買いたい、その買い物が今からできるだろうか、という問いがあるのだ。

ピンとくる店員なら、「夜10時が閉店時間で、あと10分ばかりですので、お求めの商品のある場所へご案内しましょう」と言って、買いたいものを聞き出して、さっと売り場へ導くだろう。

「ありません」「知りません」「ここにあるだけです」という返答は、

質問にきちんと答えたことになっていない。北陸ジャスコでは禁句になっていた。

かゆいところに手が届くサービスが接客の基本。ちょっとした言葉から、お客さまが何を求めているのかに気づいて対応するように努めたい。

モテる人になる10カ条

モテる人には魅力がある。たとえ頭がよくても、容姿が端麗であっても、この人とは付き合いたくないと思ってしまう人もいるものだ。

次に挙げたのはモテる人になる10カ条である。

①清潔である
②約束を必ず守る
③率先してあいさつができる
④健康である（心も体も）
⑤悪い評判がない（人の悪口をいわない）
⑥性格が明るい（常にプラス思考）
⑦姿勢を正しく保てる（話す時も、話を聞く時も）

⑧笑顔がかわいく、明るい
⑨流行に飛びつかない
⑩多少の欠点がある

男性ならもう一つ　⑪決断力がある、を加えたい。これらをすべて備えた人はなかなかいないかもしれない。しかし、欠けているところを一つでも二つでも改め、できるようになれば、その人の魅力は確実に高まる。

魅力のある人のところには人が集まってくる。人だけでない。そんな人のところには不思議と運やお金も寄ってくるものだ。

健全な人の息と怒っている人の息

アメリカの心理学者エルマ・ゲイツ博士の有名な実験がある。人間が吐く息を冷却したガラス管に集め、液体空気で冷やすと沈殿物ができる。すると、面白い結果がでた。

・健全な人の吐く息の沈殿物は無色
・怒っている人の息の沈殿物は栗色
・悲しんだり、苦しんでいる人の息の沈殿物は灰色

こんなふうな色の違いがでた。そして、この栗色の沈殿物を水に溶かし、ネズミに注射したところ、わずか数分で死んでしまった。もし、1人の人間が1時間、腹をたて続けると、なんと80人も害を及ぼすこ

とが可能な毒物が発生するそうだ。

さあ、あなたは知らず知らずのうちに毒をばらまいていないだろうか。腹のたつこともあるだろうし、怒らなければいけない場面もあるだろう。しかし、なるべく前向きにとらえ、吐く息は無色でありたいものだ。

自分で吐いた栗色や灰色の空気を吸って自分の心身を害していては笑い話にもならない。長生きする人は快活で笑顔にあふれ、きっと無色透明の空気を毎日、いっぱい吸っている人なのだろう。

回想記❺

運命を変えた大恩人

いずれ日本も各家庭でマイカーを持つ車社会が到来する。繁華街の店は今でこそはやっているが、車社会になれば、駐車場が手狭で都合が悪い。広々とした駐車場を確保できる郊外店がこれからの主流になる。しかし、そんな広大な土地を持つ郊外店を出すには数十億の金が必要となり、果たして自分にできるのだろうか――。

自問自答する日々を続けていた昭和50（1975）年頃、突然、思いもかけない人から連絡を受けた。現在のイオン名誉会長相談役で当時、ジャスコ社長の岡田卓也氏である。

私に直接会いに訪れた岡田氏は「一緒にやりませんか」と切り出した。そして、これからの日本のスーパーの在り方について語られたが、その話の中身は私が常々考えていることとまったく同じであった。

いつも自分一人で悶々《もんもん》と考えていただけに、我が意を得た心境で、うれしくなって岡田氏に「じゃあ、ぜひ私の店を見て下さい。今からご案内します」と促した。

ところが、岡田氏は眉一つ動かさず、「あなたの店を見る必要はない」ときっぱり言いきった。意外な返答だったので、不思議に思った私は「なぜ、見る必要はないのですか」と尋ねた。

すると、岡田氏は「あなたの店はどのみち2、3年のうちにすべてつぶすからです」と言うではないか。

びっくり仰天した。今、一緒にやろうと言っていたではないか。店を全部つぶ

昭和51年10月、「いとはん」と「ジャスコ」は業務提携し、ジャスコの岡田社長（当時、左）と握手を交わした

回想記5

そうと思っている私のところへ一体どういう了見で来たのか。単なる冷やかしなのか。

すっかり頭に血の上った私は「一緒にやろうと言ったのはうそなんですか」と食ってかかった。

岡田氏はそんな私の目をじっと見つめて、こう返した。

「うそではない。私と一緒にやりましょう。一緒にやるからこそ私は、あなたとあなたの従業員みんながほしいのです。そして、あなたは大阪のジャスコ本社（当時、ジャスコの本社は大阪にあった）に来て、衣料品担当の副社長をしていただ

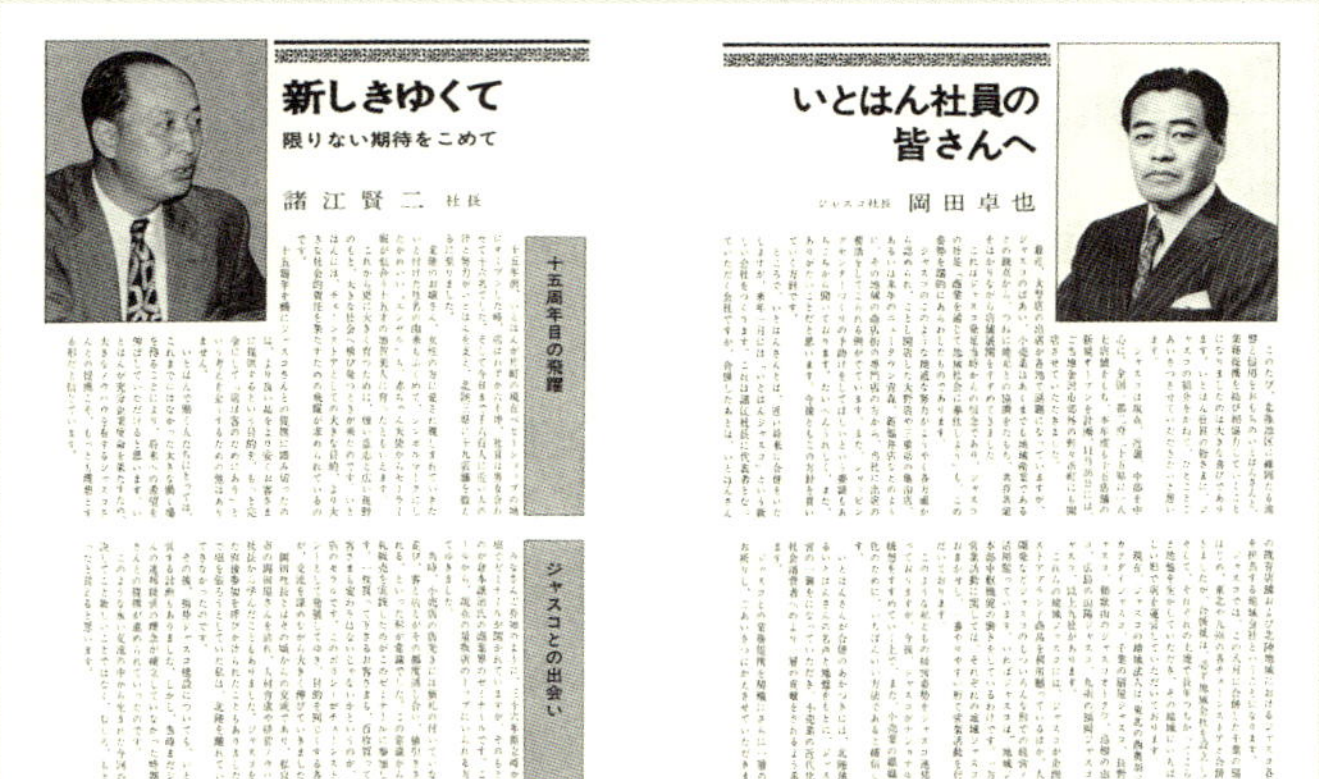
新しきゆくて
限りない期待をこめて
諸江賢二 社長
十五周年目の飛躍
ジャスコとの出会い
いとはん社員の
皆さんへ
ジャスコ社長 岡田卓也

昭和 51 年 12 月に発行した社内誌「えんぜる」17 号では、業務提携の狙いや期待をトップが語る特集企画が掲載された

きたいのです」

これには参った。完全に白旗です。

「分かりました。これからの私の人生を岡田さん、あなたにお預けします。しかし、私は金沢が好きなのです。さらに、私とともに、いとはんを築いてきた従業員を置き去りにして自分だけ大阪に行くことはできません」と申し上げ、ジャスコ本社の副社長就任を辞退させていただいた。

すると、岡田氏は「それでは、これからの北陸地区における出店を伴う店舗展開と販売面はすべてお任せします。また、出店の資金と建築のお手伝いは本社で十分いたします」と言われ、私も「喜んでお引き受けいたします」と返答し、ここに2人の固いきずなが結ばれた。

そして、昭和52(1977)年2月、いとはんとジャスコは合併し、まもなく北陸ジャスコが誕生した。私は北陸ジャスコ社長とジャスコ本社の取締役に就任した。

私にとって岡田氏は私の人生を変えた運命の人で、大恩人である。こうして始まった岡田氏との交流に思い出は尽きないが、限られた紙幅ゆえ一つだけ披露したい。

北陸ジャスコの船出は決して順調だっ

回想記❺

たわけではない。1年目に続き2年目も不振で、あれよと言う間に赤字が4億円に膨らんだ。歯をくいしばって頑張ってそれを3年目で1億円の黒字に転換することができた。

北陸ジャスコ社長を務めていた私は、岡田氏に会ってその報告を終えて、こんなお願いをした。

「1億の黒字にすることができました。この1億を私に下さい」

一瞬、怪訝《けげん》な顔をした岡田氏は「何に使うのかね」と尋ねた。

「黒字に転換できたのは従業員が必死になって頑張ったからです。パートを含め従業員みんなに還元しようと思っています」

「よし、分かった。あなたにまかせよう」

お願いするほうも図々しいが、即答で認めるほうも認めるほうだ。岡田氏がどんな人か説明するにはこのエピソードが一番だろう。

そんな岡田氏と肝胆相照《かんたんあいて》らすお付き合いをさせてもらい、今なお親しく交流をさせていただいている。

回想記❻

リーダーに欠かせない資質

「いとはん」を創業する前、私は小売業を勉強するため、大阪の衣料問屋へ住み込みで働く修業に出た。

朝は6時に起き、ご飯とほんの少しばかりの漬物、具のないみそ汁という朝食。それを済ませると、すぐに仕事を始め、夜遅くまでブッ通し。仕事が終わったら、さっさと食事を済ませ、風呂に入って寝るという毎日だった。

ところが、早く寝たいので風呂に入りたいのだが、私のほかに社長の家には20人ほどが住み込んでいて、社長と私はいつも一番最後に仕舞い風呂に入ることになっていた。

昭和30年代である。家の風呂といっても今のような機能的な設備ではない。20数人が入った後の風呂は正直、お湯がすっかりにごり、気持ちのいいものではなかった。

1カ月近くたった頃、私はとうとう我

回想記❻

慢できなくなって、近所の銭湯へ入りに行った。まずなんと言っても湯の透明感が違う。そして広い。快適さは比べようもない。1日の疲れが見違えるようにとれた。それでそれ以来、銭湯へ行くようになった。

ちょうど同じ頃、朝ご飯が少ないため、家から取り寄せた梅干を時々、食べて口さみしいのをしのいでいた。

そんなことを数日続けたある日、深夜11時頃だった。女将さんから急に呼び出され、「こんな夜ふけに何だろう」と首をひねって居間を訪ねた。そこには社長が厳しい顔つきで座っていて、こう切り出した。

「諸江さん、今すぐここから出て行ってくれ。もうここに置いておくわけにはいかない」

私は何が何やら分からず、「どうして急に…今、帰れと言われても…」と戸惑うばかり。動揺する私をにらんだ社長は「理由が分からんのか」と問う。が、私はまったく想像がつかず、首を傾げるだけだった。

「じゃあ、教えてやろう。あんたは経営者になる資格がない。修業のつもりでここに来ているのだから、もういる意味はなかろう」

「なぜ資格がないんです」

「分からんのか」

「分かりません。どうか教えて下さい」

社長はしばらく黙ったままだったが、ようやく口を開いて、こう言った。

「諸江さん。あんたは夜、銭湯に行っているね。朝ご飯の時も梅干を持って来て食べている。自分だけ自分の都合のいいようにしている。それじゃあ、だめだ。そんな人間に部下がついて来るはずがない」

そうして少し間をおいて、ゆっくりとした口調でかんでふくめるように続けた。

「なぜ一番最後の風呂にわしと入るようにしたのか。従業員とともに歩む経営者になってほしかったからだ。誰だって最後の風呂でなく、少しでも先に入りたいものだ。わしとて同じだ。しかし、社長のわしがあえて最後に入ることで、みんながわしを見る目が違うんじゃ。朝ご飯も一緒。わしも毎朝、みんなと同じものを食べている。たかが梅干、風呂と思うかもしれないが一事が万事。人の上に立つ人はそういうことを意識しなくてはいけない。できないものはなる資格がない」

私はその叱責を浴びて、頭をカチ殴ら

回想記❻

れたようなショックを覚えた。

考えてみると、朝一番に仕事場に来て最後に帰るのも社長だった。だから社員みんなが社長にいちもくを置いていたのだ……。

その場で畳に額をこすりつけて、「申し訳ございませんでした。一から出直しますので、どうぞここに置いて下さい」とひたすらお願いした。

それから1年間、社長のもとで一切の不平不満をもらさず、仕事に打ち込んだ。睡眠4時間程度の毎日だったが、あすを夢見て進むだけで、そんなことは苦にもならなかった。

あの叱責のお陰で、「いとはん」ができ、また「北陸ジャスコ」誕生につながったと今でも感謝している。

最近、日本を代表する超優良企業だったはずの会社が不振にあえぎ、また不正までしてしのごうとした例が散見された。要因はいろいろあるだろうが、どんな会社であっても言えることは、創業者の苦労と精神を忘れてはいけないということだ。

特にリーダーに就く人は肝に銘じてほしい。創業者の核心を得た教えは苦しい時ほど胸に響くはずだ。

人・その決断 ▷1◁

人—その決断はさまざまだ。が決断のときにその人の面目もまたくっきりと浮かぶ。いかに夢に満ちようと、いかに苦悩の果てであろうと、決断は人間の意志の"火花散るとき"である。いよいよ複雑化してゆく現代社会のなかで"決断"は変化の大きなモメントといっていい。企業にとっても社会にとっても、変革の波が高いいま、県内、県外に活躍する第一線人の"決断の瞬"をみた。

"いとはん"社長
諸江賢二氏

「六〇%までの確信ができたとき"あと四〇%は自分の努力だ"—といいきかせて踏み切った」—と語る店内での諸江さん

とことん自己を追求
迷い振り落とし"勝負"

◇…なんとはなく"易"の話になった。

「人間ってものは弱いもんだ—と思います。自分で決めればいいといってしまえば簡単だけど"決める"ことは実にむずかしい。弱さ、迷いという部分が次々に出てくる。しかし、出てきて当たり前じゃないかと思う」

八年前、洋菓子・喫茶店経営に見事失敗した。人生の出直し。なにをやるか？ 考え抜いて"おしゃれの衣料スーパー・いとはん"への道を選んだ。親代々の家もたたき売って背水の陣で大阪へ修業に出る。自らいう"決断"のとき—だった。

「自分を納得させるデータ検討は各方面からやりました。お笑いになるかもしれないが、人相、手相、家相…まで有名な人たちのところへ足を運びました。信ずる、信じないというんじゃないんですよ。ともかくとことんまで自分自身の心を追いつめてやれ—というつもりなんです。失敗したとしても、あとで、ああしたらよかった、こうしたらよかった—とひとつも思うまい。そんな迷いの逃げ道を、自分の手で全部ふさいでやろう。それだったんですね」

弱いどころか、易まで逆手にとって心の迷いをはらい落とし、ふり捨てていったつきつめ方はなかなか図太い。

◇…「人間、本当の意味で"決断する"というときは、そう何回もない。三回がいいところでしょう。その決断だって、一〇〇%納得したってことは現実にあり得ないのじゃないか。勝負の場合一口に運ともいいツキともいう。知りたいけど、知り得ない波がたしかにある。人生や仕事の面でもこれがあると思います。つきつめて、つきつめて六〇%の成功の可能性に煮つまったとき、私は"あと四〇%は努力だ"と自分自身にいいきかせて踏み切った」

三十六年十月、成算を心に秘めて金沢市片町のど真ん中に衣料スーパー"いとはん"開店。"いつつぶれるか？""デパートの真ん前とは大胆な…"などの声のなかで、見事、流通革命の波に乗った。三十九年ムサシ店、四十一年野町店、ついで片町本店…目を見張る快進撃。現在年商二十一億円。金沢市内に本店を含めて四店、県外一店、秋から明年にかけて七尾、富山など三店が登場する。若さの意欲、機敏、大胆、未知数の魅力…などなど、"いとはん"丸指揮官に外部の評はさまざまだが「仕事をする」で一致するところはまさに男の本領にちがいない。いま四十一歳。戦中派末期、いや戦後派初期ともいえる世代。働き盛りでもある。

◇…衣料スーパー—を躍進の目標に選んだのは"流通革命"という理論からではない—という。二十そこそこでくつ下工場を経営した時代、大メーカーのブランドをつけただけで店頭価格が倍になる"商品流通"の仕組みを体験していたことが、スーパー業界へ目をむけさせた。

「呉服屋の二男坊に生まれたという"血"の親近感も幾分あった。が根本的には生産者の立ち場で疑問を持った商品流通機構の原体験が"いとはん"に育ったというべきでしょう。それにしても、決心したもののスーパー業界のことはなにも知らない。そこで大先輩の大阪マルハツの松岡穣治社長（現会長）のところに住み込み、イロハのイの字から指導をしてもらいました。従業員と一心同体になるということはどんなことか。文字どおりからだで教えてもらいました。いま"いとはん"も大きくなったら、なったなりでのやり方をやってますが、その心は忘れません」

だからこそ、店のことなら"すみからすみまでだれよりも知っている"—と自信満々いい切る。いま、北陸のスーパー業界は県外資本の進出でまさに戦国乱世。"いとはん"丸指揮官の任務は重い。

「毎年、新年ごとに写真をとってるんだけど、最近はヒタイがだんだん広くなってきて…」

照れ気味のひとこと。"おしゃれの衣料スーパー"というキャッチフレーズを生んだ細かい神経がチラリとのぞいた。

略歴 昭和三年五月、金沢市に生まれる。金沢工専電気通信科卒。戦後の混乱期を利用してくつ下製造で一旗あげた。二十代の"お山の大将"である。三十五年レジャーブームに目をつけ、くつ下製造から一転して金沢市片町で高級洋菓子・喫茶店"オリンピック金沢店"を経営したが、一年半で五百万円の赤字を残して閉店。三たび転進、衣料スーパー"いとはん"で北陸スーパー業界の雄となった。

昭和 44 年 2 月 20 日付北國新聞経済面の連載企画「人・その決断」。第 1 回を諸江氏が飾り、「いとはん」創業当時の思いを語っている

叱り方一つでいい方にも悪い方にも変わる

「怒る」と「叱る」は違う。

怒るのは、腹がたった感情を相手にぶつけることだが、叱るのは相手を注意して改めさせる教育的な意味を持つ。しかし、相手を思って叱っても、言われた方は「よし、今度から気を付けよう」と改心すればいいが、「うるさいな。こっちの言い分も少しは聞いてくれ」とひねくれてしまう場合もある。

そこで、相手に耳を傾けさせる、叱り方のコツを教えよう。

相手を叱る時、その人だけを部屋に呼ぶ。みんながいる前で叱ると、叱られる方は恥ずかしい思いがいっぱいになり、時には感情的になったり、言い訳をしようとして、親身になってその注意を聞こうとしない。

大事なのは、叱る前にまず相手の良い点を探して褒めることだ。それにまず触れたうえで、次に本題に入る。例えば、「君はいつも元気にあいさつするね。おかげで職場のムードがすごくいい。ありがとう」と話した上で、「ところで、○○をしてきちんとほしいんだ。というのは……。そうすれば、もっと素晴らしい社員になるよ」。

こういう言い方をすれば、注意を受けた方は自分の至らなかったことを反省し、改めようと努力する。叱りさえすれば改まるというものではない。特に最近の若い人は叱られことに慣れていないので、そのことを頭に置いて対応しないと悪化するだけだ。

人間に住む6つの「タイ」

なぜ、叱る前に相手を褒めたらよいのか。最初に褒めることで、その相手をこちらが認めていることがしっかりと伝わるからだ。

ちゃんとこの人は自分のことを認めてくれている、と思うから、その人の注意にも耳を傾ける。心を開いていない相手に、どんなに「お前の将来を思ってのことだ」と厳しい言葉を投げかけても心の中に入ってはいかない。

人間には6つの「タイ」が住んでいるという。

①認められたい
②褒められたい
③役に立ちたい
④幸せになりたい

⑤金持ちになりたい

⑥愛されたい

　この「タイ」を満たしてくれるほうへ人は動く。人を育てる時にはこの6つを頭に置いておくといい。決して人は「ミスをしたい」わけでも「叱られたい」わけではないのだ。

　そして、特に①②③は女性のほうが強いように思う。最近は男性と女性を分けて言うと、差別だとしてクレームがつく世の中になってしまったが、なるほどと共感してもらえるか、それは違うと批判されるか、感想は読者それぞれに委ねることにして、誤解を恐れず、私個人の昭和の体験談として披瀝したい。

　女性は叱り方を間違えると、以後言うことを聞かなくなる。聞いたふりをしても一生懸命に仕事をしなくなり、時には辞めてしまう。男性はどんなに叱られても余程のことがない限り最終的には従う。なぜなら家庭に対する責任があるからだ。妻や子どもを路頭に迷わすわけにはいかない。厳しい言葉にも、ぐっとこらえ、すぐに辞めたりはしない。

一方、女性は会社に対する意識より、自分の直接の上司に対する関心が強いように思う。会社への忠誠心や帰属意識は総じて男性より薄い。それよりこの上司は自分をどう見ているかということへの意識のほうが強い。だから、この上司に認められたい、褒められたい、役立ちたいと思っているのに、叱られると、その「たい」が一変してしまうのだ。

もちろんすべての女性がそうだと言っているのではない。こういう傾向を私の体験上感じたということだ。

昔と今とではずい分状況も違ってきているだろう。家庭を背負って働いている女性もいっぱいいるし、男性以上に愛社精神のおう盛な女性もいることは私も分かっている。ただ、女性の能力をいかに引き出すか、これからの管理職はますます求められるようになるから参考になればと思ったまでだ。もっとも、管理職になる女性がもっともっと増える時代になるに違いないのだが。

部下を成長させる叱り方

小さなミスには目くじらを立ててそんなに叱らないが、大きなミスは大目に見るわけにはいかず、きつく叱っておかなければならない。そう思っている人は実は大間違いで、その逆だ。

小さなミスに甘い目をしていたら、将来必ず大きなミスにつながる。そして、ほかの人にうつってミスがだんだんと広がっていく。だから小さなうちに一つひとつ、手を抜かずにきちんと注意していかなければいけない。

これを証明したのが、ニューヨークの治安を改善させたジュリアーニ市長の「割れ窓理論」の実践だ。この市長は、従来、ほおっておいた窓を割る軽微な犯罪をきちんと取り締まるようにした結果、凶悪犯罪を見事に激減させたことで有名だ。

小さなうちに対処するのが大事なのだ。一方、部下が大きなミスをおかした時、怒鳴りつけたいところをグッと抑えるのも上に立つ者の心得だ(もちろん、犯罪などの場合は別問題)。

それはなぜか。大きいミスをして会社に多大な損害を出したとなれば、それだけ本人が一番反省しているからだ。そこへさらに怒鳴ってクドクド、ネチネチ叱ったら、初めこそ「申し訳ありません」と思っている心が次第に変わり、「そんなに怒らなくても…」と反発心が芽生えてくる。

そして、言い訳をしたり、人のせいにしたりして、自分を守るようになる。そうすると、せっかくの反省が次に生かされなくなってしまう。

しかし、大きなミスをして上司からものすごく叱られると思っている本人に、「やったことは大変なミスだ。しっかり反省して、同じ失敗は二度とするな」と言うだけにとどめた叱り方だったら、相手はどう思うだろうか。「ああ、○○部長に迷惑をかけたなあ。この失敗をなんとか挽回せねば」と奮起するようになるのではないか。

私は部下には常々、6割の勝算があれば走れ、と教えてきた。残りの4割は走りながら考えればいいと、言い続けてきた。

ミスをしないことに越したことはないが、ミスをしない人間なんていないだろう。失敗の積み重ねは経験となって人を育て、将来に生きるものだ。言い換えれば、ミスの経験を生かせないものは大きく育たない。

この社員は大きなミスをしたことがない。だから、とても優秀なのかと思ったら、単に大きな仕事を何もしていないだけだったという笑い話がある。

大きなチャレンジには大きなリスクを伴う。その時、ミスを叱って、チャレンジ精神そのものを摘み取ってしまってはいけない。

だから、叱らないほうがいいと言っているのではないから誤解しないでほしい。上司の叱り方一つで、部下は成長もするし、だめにもなるということだ。

「はい」の返事に人間性そのものがでる

返事がいいと気持ちのよいものだ。返事が上手か下手かで、その人の印象が決まるといってもいい。

新入社員の時は元気に大きく返事をしていたのに、次第にルーズになって、いつのまにか返事をしているのか分からないくらいボソボソという人もいるのではないか。

相手からの問いかけに対して、素早く「はい」と元気よく答える。当たり前のことだが、何時いかなる時も継続するのは案外難しい。

「はい」という言葉は、単なる返事ではない。相手のことを認めているという姿勢がその言葉に表れる。つまり、相手とどんな人間関係にあるのかが、その返事で分かる。返事する人の人間性そのものがでるのだ。

返事は、相手からのコミュニケーションに対し、あなたがどのように感じているかを伝えるコミュニケーションツールとなる。だから、お客さまに対する時は、とりわけ明るく答えよう。

「はい」に限らず、あいさつのすべてが接客の基本中の基本。お客さまとの間に築く信頼関係は、あいさつから始まる。

あいさつには5つの心が必要

さて、そのあいさつに魂を入れるには5つの心が必要だ。

素直な心
感謝の心
奉仕の心
反省の心
謙虚な心

電話をしている相手が「ありがとうございます」と言うのを聞いて、電話の向こうでおじぎをしている姿が見えるようだと思ったことがないだろうか。心がこもったあいさつとは、姿が見えなくても、真心が伝わってくるものだ。

忙しいと、ついつい、あいさつもおざなりになってしまう。「忙」という字をよく見てほしい。りっしんべんの「心」に「亡」という字が組み合わさってできている。いそがしくなると心が亡くなる、つまり死んでいるというわけだ。これではいけない。

どんなに忙しくても心に余裕をもってあいさつしよう。心を込めてあいさつすることで、亡くなりそうな心を取り戻すことができる。

笑顔は魔法の力を持っている

大手ファーストフードの店員は、お客さまが来店した時はカウンターのみならず、厨房《ちゅうぼう》の中にいても「いらっしゃいませ」と大きな声であいさつする。そして、声だけでなく、たとえ作業中のため、お客さまの方向に顔が向いてなくても最高の笑顔をつくって、あいさつする。

そうした最高の笑顔でするあいさつは、声の明るさもおのずと違う。

笑顔は魔法の力を持っている。

素敵な笑顔であいさつされた相手は、気持ちがよくなる。それによって買い物が楽しくなる。同時に、あいさつした本人も気分がよくなり、仕事に前向きになる。相手も自分も幸せになる、こんな素晴らしいことはない。

ただし、せっかくのその笑顔がその場をとりつくろう笑顔であってはいけない。よく理解しておかなければならないのは、笑顔をつくることが大事なのではなく、心を込めて「いらっしゃいませ」と発することが大事なのだ。

「ご来店いただきましてありがとうございます」という感謝の心を相手に伝えるのだ。その手段として笑顔やあいさつがある。

自分がどんな顔であいさつしているか、鏡で時々点検してみよう。

仕事が楽しみなら人生は楽園

私は、小売業は大変魅力的で面白い仕事だと思っている。日々、いろいろなお客さまと出会うことができ、満足していただいたお客さまの笑顔を見て、自分の喜びにする。

しかし、中には「仕事がつまらない」と不満をこぼす若い店員が必ず1人や2人はいるものだ。仕事がつまらない、と思う人はどうしたらよいか。その暗闇の穴から抜け出すには、仕事に興味と愛情を持つことだと思う。これができなければ、ずっとつまらないままでいるしかない。

興味と愛情を持つには、ぼんやりとしていないで目配り、気配りを忘れないことだ。売り場にはいろんな商品がある。「もっと陳列を工夫すれば、お客さまの目につくようになるのでは…」と、お客さまの立場で売り場を見て、改善するところがないか考えてみよう。

昨日と今日は違う。今日と明日も違う。1日たりとも同じ日はない。世の中は日々、常に変化しているのだから、売り場も変化していって当然なのだ。

ロシアの文豪ゴーリキは「仕事が楽しみならば人生は楽園だ。仕事が義務ならば人生は地獄だ」と言っている。

心躍らせて働く1日は充実感に満ちている。それは、仕事に好奇心と愛情を持てるかにかかっている。

幸せになる「ハヒフヘホ」

人は誰しも幸せになりたいと思っている。しかし、手を合わせて天にお願いするだけであっては幸せになれない。心がけがいる。そのヒントが幸せの「ハヒフヘホ」だ。

ハは「半分でいい」
ヒは「人並みでいい」
フは「普通でいい」
ヘは「平凡でいい」
ホは「ほどほどでいい」

欲がなくては生きる張りあいがない。しかし、欲張りすぎてもいけない。満つれば欠くる。ほどほどが一番いい。欲を持ちつつも感謝を忘れないことだ。欲の炎をエネルギーにして、ただ突っ走っていても人はついてこない。感謝の心を持って人間力を高めればおのずと人が集まってくる。もう一つ、人生の「カキクケコ」も紹介しよう。

カは「感動すること」

キは「興味を持つこと」

クは「工夫すること」

ケは「健康であること」

コは「恋をすること」

これを実践すれば、年齢に関係なく、いつも若々しくある。私は、この「ハヒフヘホ」と「カキクケコ」を、いつも持ち歩いている手帖の後ろに書いておき、時々それを見ては口ずさんでいる。

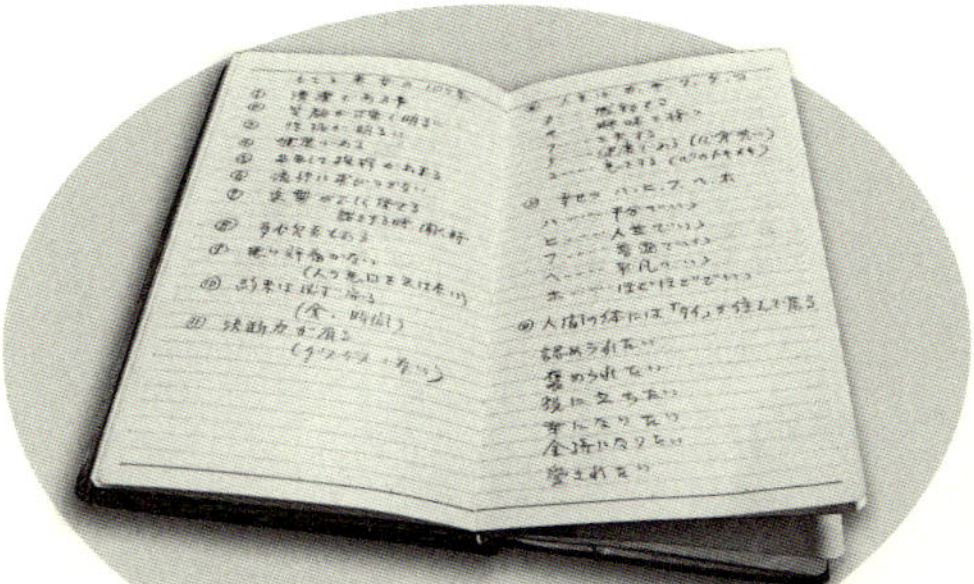

現在、使っている手帳

第三章

私の宝物

北陸ジャスコでは「サービス 北陸ナンバーワン運動」と銘打ち、従業員のレベルアップに取り組んだ。この運動は、日々の仕事の中でほかの人の参考になる事例をメモにして提出してもらい、これはと思うものを私がコメントを添えて全従業員に紹介していたものである。

そのメモ約200枚をつづった束は退社後もずっと大切に保管してきた。一字一字から毎日、お客さまと向き合い、仕事に励んだ従業員の姿が鮮やかに眼に浮かんでくる。私の永遠の宝物だ。

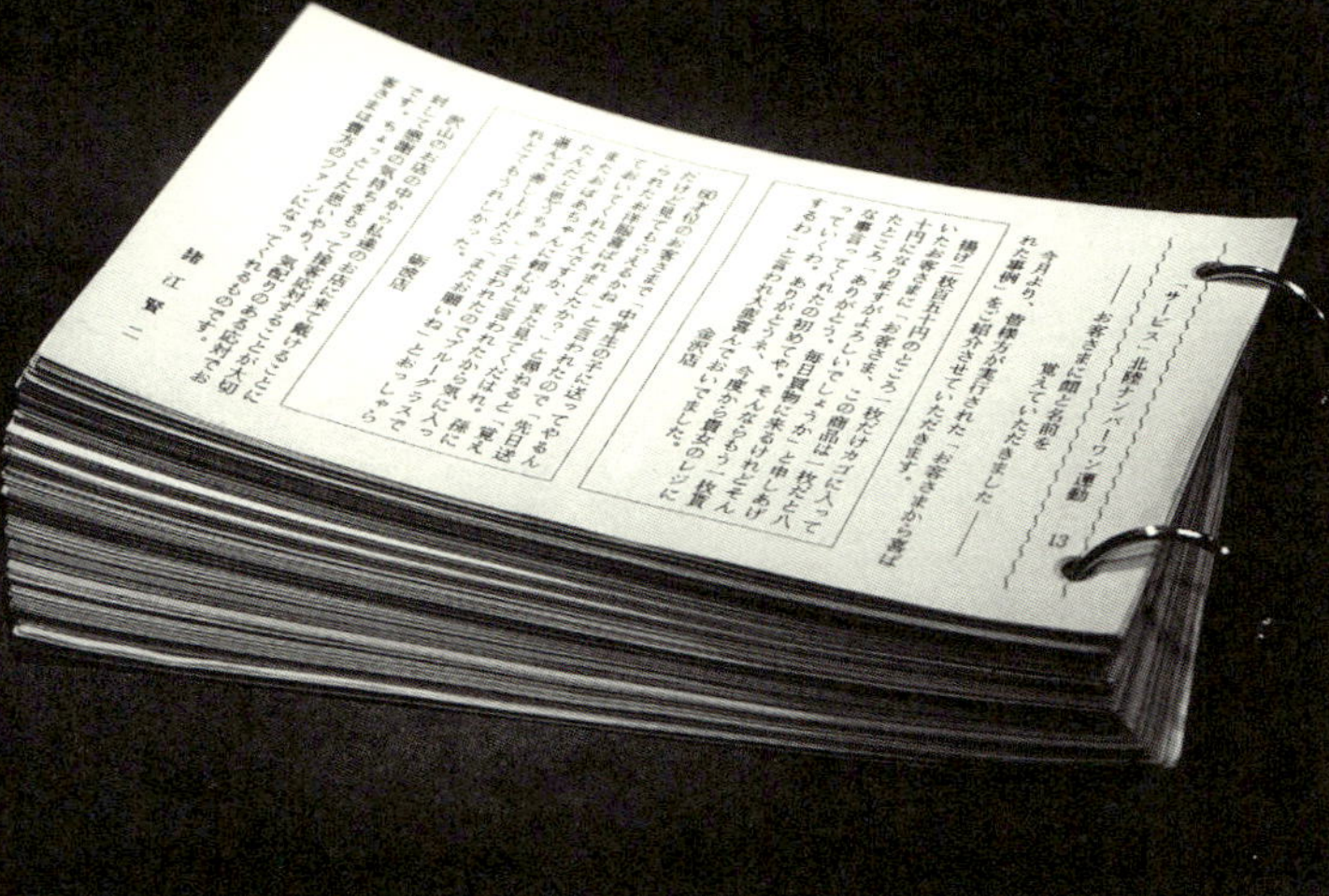

対面販売で皮付のふぐをみて「この魚どんな風に料理をしたらよいですか」と聞かれたので「この魚は鍋料理にしたら美味しいですよ。材料はこの他、鱈、皮はぎ、はまぐり、切りズワイなどを入れますととても美味しい出汁ができますよ」と勧めたところ「ありがとう、たいへん参考になりました」と喜ばれ勧めた材料を全てお買い上げになられました。

御経塚　店　H・Hさん

あるお客さまに挨拶したところ、「あなたは挨拶してくださるけど、このお店ではめずらしいわね、H堂ではあうたびに挨拶してくれるわよ」と言われ、「挨拶をさせていただくようにはしているのですが、申し訳ございません。」とお答えしました。その後、店内を気をつけて見てみると、課長、主任の方でも「いらっしゃいませ」と言わない方がいることがわかりました。H堂に行った際に注意して見てみると、お客さまが少ないせいもあるのでしょうが、会う度に「いらっしゃいませ」と挨拶され、とても気持ちよく感じました。そこで、今では積極的に明るく挨拶するように心がけて、実行しています。

承りカードより

「ジャスコは、おじいちゃん、おばあちゃんの散歩道」・・・。

高齢化社会を迎え、毎日毎日、散歩道のように決まった時間にご来店されるおじいちゃん、おばあちゃんが多くなりました。声を掛けてくれるのが待ち遠しいように目・顔が語りかけてきます。「お早うございます。今日も元気」「いらっしゃい。今日は○○がお買得よ」「夕方から○○ヨ」の一声に楽しそうに返事を下さいます。

夕方には、友達を誘って「又、来たがや・・」と姿を見せて下さいます。2、3日姿が見えないと心配になります。声を掛け合って商品をお勧めし、「美味しかったヨ」「お買い得だったワ」と喜ばれるのがなによりもうれしいです。

高岡店　T・Sさん

子供が二人で買物に来て、レジへ精算にきた時の事です。お釣が細かかったので、ビニール袋に入れて渡してあげました。最初は、こわばった顔をしていた二人でしたが、ニッコリ笑って「ありがとう」と言って帰っていきました。子供の笑顔が印象的でした。私も、「爽やかな笑顔を心がけなくては」と思いました。

金沢店　I・Iさん

先日、貴店での買物の際、ある店員さんにとても親切にして頂き、又、接客態度も気持ちが良かったので、お礼方々、ペンを執った次第です。

連休の最終日、銘店街で和菓子を求めていました処、私共の子供の体調が思わしくなく、いきなり通路に吐いてしまいました。帰省の最中でもあり、突然の事で慌てた処、一人の店員さんが、さっとティッシュの箱とダスター等をさしだして下さり、汚物を拭いて下さいました。御礼を申した処、「どうぞ、お手を洗って下さい。すぐ清掃の者が来ますので気になさらないで下さい」と何度も、こちらを気遣って下さいました。（以下略　）

先日、お客様に「ケース売りの缶コーヒーの特売はどこですか」と尋ねられ、お客様をあちこちお連れして探したのですが、売り切れた後でした。お客様に丁重にお詫びしたのですが、内心、「大変申し訳ないな」と思っていました。後日、そのお客様が私の肩をポンと叩かれ、「この間は、親身になって探して下さり、本当にありがとう」と笑顔で言って頂きました。

野々市店　T・Yさん

ウォルマートの新しい店がオープンした日に近所でペンキ屋をしている婦人が言った。

「特殊な塗料を探しにやってきたお客さまがあって、彼は私の店にそれがあることを知っていたんです。彼はそれを探しにウォルマートへ行ったところ、塗料売場の責任者が、私の店にあるから行ってみたらと教えてくれたんですって、なんて素敵なことなんでしょう。」

ロープライス・エブリデイより

今日ご来店していただいたお客さまが、次にご来店される時には「ジャスコに行けば、いつでも気持ちの良い応対やサービスをしてくれる」「ジャスコに行けば、あの商品がある」といった〝期待〟をされておられます。毎日、毎日、売場のサービスレベルが違っていれば「ジャスコは当てにならない」ということになり、お客さまからの信頼を失います。

私たちが求められているサービスレベルは「今日は90点だが明日は40点、平均すればなんとか65点ぐらい」といったものではなく、まず、毎日が70点になることを考え、次に75点、80点と点数を上げるようなものでなければなりません。

・開店挨拶を続けて私が感じたことは、こちらが心を込めて、笑顔を添えて挨拶をするとお客さまは快く笑顔で応えてくれると言うことです。「いらっしゃいませ」「おはようございます」の短い言葉の中に本当に心がこもっていれば、ジャスコにまた来て下さるお客さまは必ず増えると私は実感しました。

・私が今日、特に反省しているのは、お客さまに笑顔で挨拶できなかったことです。同友店のファーストフードの女の子は、とてもにこやかに大きな声で挨拶しています。私がお客さまだったら、やはりあの様に元気に笑顔で挨拶されるほうが気持ち良いと思います。入社オリエンテーションの時は、笑顔でお客さまに応対することは簡単だと思っていたのに、できなくてとてもくやしいです。

新入社員店内オリエンテーション日誌より

チェッカーの基本動作を皆と順番にしたときいつもしている動作なのにあらたまると出来ないところがありました。毎日多くのお客さまに接し、すべてのお客さまに同じ事をしているつもりでも、よく受け取って下さる方や、悪く受け取られる方がいてチェッカーの難しさを感じることもあります。しかし、今日の研修のなかで『自分がしてもらいたくないことをしない。自分がやってもらってうれしいなあと思うことをする』と教えていただき、そのことを頭に置いてこれからお客さまに接していきたいと思います。（入社オリエンテーション感想文より）

冷蔵庫をお求めのお客さまが、家族で相談され、310ℓの冷蔵庫にお決めになられたのですが、家族構成が6人でしたので「これでは少し小さいと思います。長い間お使いになる品ですので将来の事を考えてもう1ランク上の400ℓはいかがですか」とお勧めしたのですが「そんな大きな物はいらん」の一点ばりでしたが再三お勧めした処400ℓに決められ、半年後に「あの時、大きいのを勧めてくれて本当にありがとう。今では、あれでも小さい位です。貴方のお陰です」と大変喜んで戴きました。

大野店　W・Mさん

4月度に入社し、サービスカウンターに配属になった フレックス社員、南さんの行動を報告します。

入社してまだ日も経っていないある日、カートを引いた足の少し不自由そうな年配のお客さまから「エレベーターはないのか」とたずねられ、南さんは「申し訳ございません、エレベーターはございませんのでこちらのスロープからどうぞ」とこたえました。するとお客さまは「このスロープだとワシなんか転げ落ちてしまうわ」と言われ、あきらめてサービスカウンター横のベンチに一旦腰をおろして休憩されました。

そこで南さんはちょっとためらってはいましたが、そのお客さまのところへ行き「2Fの売場へ行かれるときはおっしゃってくださいね、私がカートを運んでご一緒しますから」と声をかけました。その後、そのお客さまのカートを2Fへ運んでさしあげ、また買い物が終わる頃を見計らって2Fへ行き、1Fへお戻りになられる際も手伝っていました。

お客さまは大変お喜びになり、サービスカウンターにお礼を言ってお帰りになりました。南さんはお礼を言われて照れくさそうではありましたが、同時にとてもうれしそうでした。

「サービス」北陸ナンバーワン運動　8

「やさしい気配り、さわやか笑顔、
明るい声からはじめよう！」

私達がお客さまに接する時、心がけなければいけないことがいくつかありますが、大切なものに次のようなことがあります。

①やさしい気配り

あるお肉屋さんはお子さんが買物にこられてお釣があったとき、小銭とレシートを小さな袋に入れて渡しておられます。お金をなくさないためのやさしい気配りですね。

先日本社にこんな電話がかかってきました。

「突然のお電話で申し訳ありません。どうしてもお礼が言いたくお電話いたしました。ジャスコさんはいつも妊婦の方には買い物カゴを台まで運んでくれたり、袋に入れてくれたりしていただけるので大変助かります。他のスーパーではそこまでしてくれるところはなかなかありません。このようなサービスをしていただけるならば今後もジャスコさんを利用させていただきます。これからもずっと続けてください。」

といった内容のものでした。この他にも

「先日の雨の日、娘を前だっこして大量にお買い物をしたところ、店員さんが袋詰めをしてくださり、そのうえ車まで運んでくださいました。大変感激しました。そのあとも娘を前だっこして買物しましたが、レジで袋詰めしてくださり大変助かりました。ちなみに町内で娘を前だっこして買い物をして袋詰めしてくださるのはジャスコさんだけです。ありがとうございます。」

（ＭＶ上市店よりの事例報告）

②さわやかな笑顔

ファーストフードの店長は厨房の方を向いていても笑顔で「いらっしゃいませ」と挨拶しています。何事にも感謝し、いつでもどこでも笑顔を心がけてはじめて「さわやかな笑顔」が出るものだと思います。

③明るい声で応対する

同じ挨拶でも声の質によってお客さまに与える感じは大変違ってきます。ぜひ、明るい感じでお願いします。そのためには少し大きめの声で、少しオクターブを上げてご挨拶してみて下さい。

諸江賢二

あとがき

店はお客さまのためにあり、店員とともに店は栄える――を合言葉にして一丸となってやってきたわが社の社員と私の間ではぐくまれた絆は、うれしいことにおのおのが退社して、もうとっくに雇用関係や肩書きなど何もなくなっているのに今なお続いており、時々、電話や便りをいただいたりしている。昨年、いとはんとイオンを退社した人でつくる同窓会「北友会」では、かつての従業員たちから、私の米寿を祝った寄せ書きをもらった。その色紙の中央には、私が現役時代に常々、社員教育のために口ぐせにしていた言葉をもとにしてつくった「もろえけんじ語録」なるものが添えてあった。

も…儲けてはならぬ、されど儲からねばならぬ。

ろ…廊下のスリッパ、玄関の靴は必ず揃えて、つま先を外に向けて脱ぐこと。

え…エンド売りのリンキングの靴下が安くて、オーバーロックの靴下が高いとはおかしい。（※高級靴下を店先の平台で安く売って、安価な靴下を店の奥で高く売るのは間違っている。品物の価値に合わせて売り場を考えよという意味）

け…決算の時、利益は率ではなく額。利益の率で商売はできない。

ん…「ん」で終わる店は伸びる。「いとはん」「イオン」。

じ…自分一人で判断するな。お客さまから見てどうなのかを考えよ。

いずれも私が繰り返し言い続けていた事ばかりで、耳にタコができるくらいだったから、何十年たっても覚えていたのだろう。教えというものは、教えられた側が心から共感して心に残るものであって、一方通行ではしばらくしたら忘れてしまう。その意味で、私の言葉をずっと記憶していてくれたことに深い感動を覚えた。

今、石川県民が最も関心を向けているのは北陸新幹線である。昨年3月、念願の北陸新幹線金沢開業が実現し、1年目は予想をはるかに超える観光客が押し寄せ、金沢は沸きに沸いた。しかし、ふと我に返って冷静に状況を見つめ直すと、嵐のような観光ブームに近江町市場や東山かいわい、長町武家屋敷跡などは趣も風情もなくなり、市民が敬遠するほどマイナス面が顕著になっている。

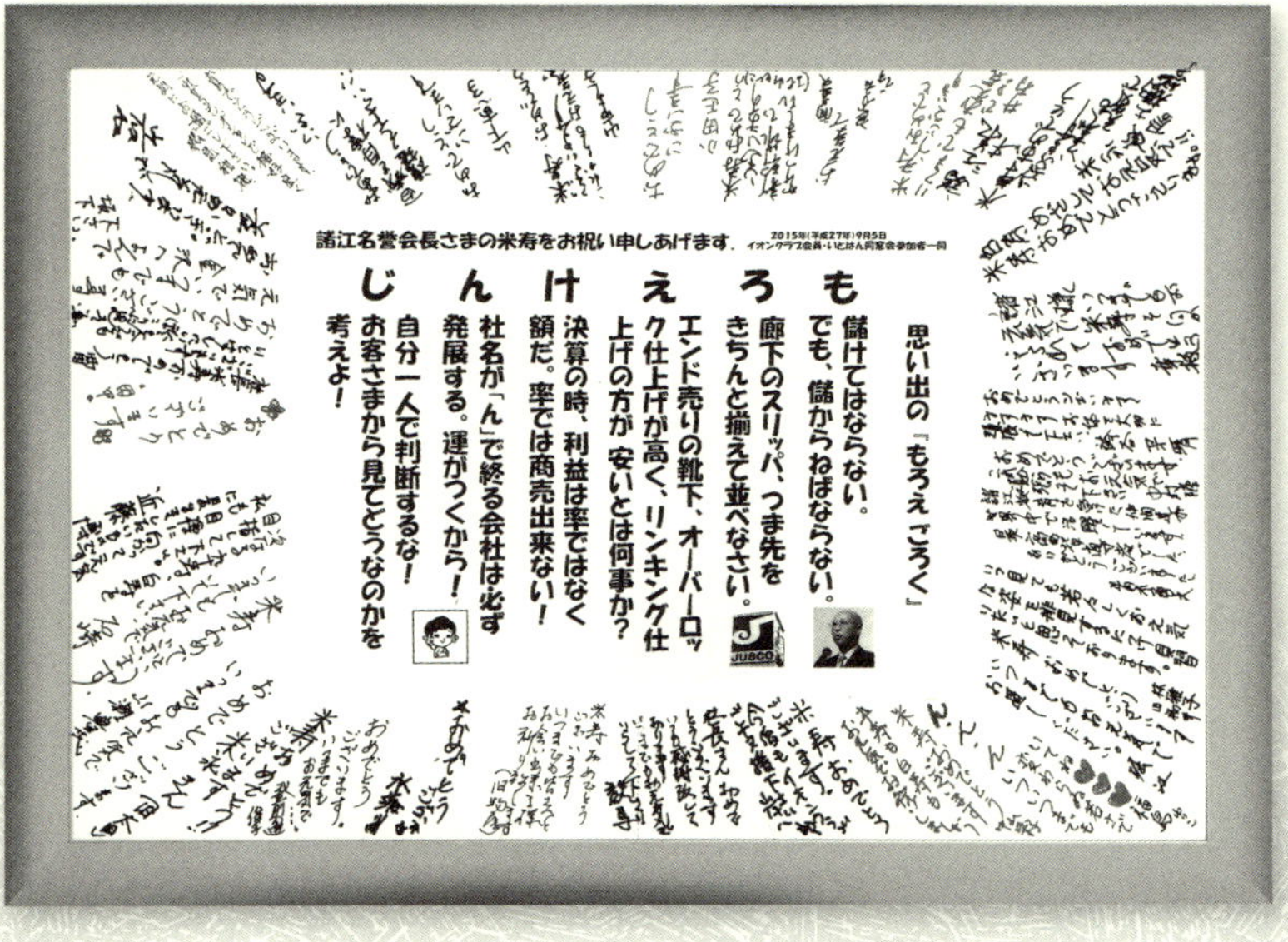
諸江名誉会長さまの米寿をお祝い申しあげます。

2015年(平成27年)9月5日
イオンクラブ会員・いとはん同窓会参加者一同
思い出の『もろえ ごろく』

儲けてはならない。

でも、儲からねばならない。

廊下のスリッパ、つま先をきちんと揃えて並べなさい。

エンド売りの靴下、オーバーロック仕上げが高く、リンキング仕上げの方が安いとは何事か？

決算の時、利益は率ではなく額だ。率では商売出来ない！

社名が「ん」で終る会社は必ず発展する。運がつくから！

自分一人で判断するな！

お客さまから見てどうなのかを考えよ！

JUSCO

正直、多くの人が観光特需に浮ついた一面があったことは否めない。観光客は大切。そして市民も大切。そこに境目はないはずだ。本質は、金沢や石川の魅力を見失わないことであろう。その魅力とは何かと常に問い続け、守り、磨き高めていかなければならない。

観光特需をいいことに、儲けてはいけないと言っているのではない。大いに商売に励んでいただければ結構なのだが、利益よりも大切なことがある、それを忘れてはいけないと言っているのだ。「先義後利」が逆転していないか、常に自問自答し、身を律しなければ、間違った方向に流されていく。

商売という行為は単にモノを売買するものでなく、本来、売り手と買い手の心と心が触れ合ってしかるべき行為だと思う。売り手は買い手に商品という「幸」を届け、その「幸」を得ることができた買い手の喜びを見て、売り手は自分の喜びとする。今、モノを売ることが難しい時代になったと憂う前に、モノを売ることのみにとらわれず、いかに人々に幸を贈るか、幸せな人を増やすかに知恵をしぼり、汗をかくべきである。

そして、そこに生きがいを感じるべきではないだろうか。

金沢から、そして石川から、誇りを持ってビジネスをする人の輪が広がっていくことを祈念してやまない。

平成28年5月

諸江賢二

〈著者〉

諸江賢二（もろえ・けんじ）

1928（昭和3）年金沢市生まれ。国立金沢工業専門学校電気通信科（現・金沢大学工学部）卒。49年諸江メリヤス製作所を設立、53年同製作所を株式会社にして社長に就任。61年「いとはん」を創業し社長に就いたのち、76年「いとはん」と「ジャスコ」を合併、いとはんジャスコ社長とジャスコ取締役に就任、78年に設立した北陸ジャスコの社長に就く。92年に会長、98年に相談役となり、99年退任。現在、金沢ビンテージワインクラブ会長、金沢東ロータリークラブ会員

モロケン心得帳 ― 店、人づくりの手引き

2016（平成28）年5月8日　第1版第1刷発行

著　者　諸江　賢二

発　行　北國新聞社

住所　〒920－8588
金沢市南町2番1号
TEL　076－260－3587（出版局直通）
FAX　076－260－3423
E-mail　syuppan@hokkoku.co.jp

ISBN 978-4-8330-2061-9